Rudolf Riedl

Wenn die Seele Urlaub macht
Erfolgreich tagträumen

Rudolf Riedl

Wenn die Seele Urlaub macht

Erfolgreich tagträumen

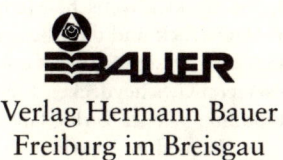

Verlag Hermann Bauer
Freiburg im Breisgau

Die Deutsche Bibliothek – CIP-Einheitsaufnahme

Ein Titeldatensatz für diese Publikation ist bei
Der Deutschen Bibliothek erhältlich

1. Auflage 2000
ISBN 3-7626-0752-4
© 2000 by Verlag Hermann Bauer GmbH & Co. KG, Freiburg i. Br.
Umschlag: Marketing Design Service GmbH, Hamburg
Satz: Fotosetzerei G. Scheydecker, Freiburg i. Br.
Druck und Bindung: Wiener Verlag GmbH, Himberg
Printed in Austria

Inhalt

1

Willkommen im Land
deiner Kraft und Phantasie

Du magst dieses kribbelnde Gefühl freudiger Erwartung – in Urlaub willst du gehen, in ein Land voller kraftspendender Orte, unschätzbarer Reichtümer und liebevoller Wesen. Schätze in Form außergewöhnlicher Erfahrungen willst du von deiner Reise mitbringen, um damit deinen Alltag zu bereichern: wertvolle Entscheidungshilfen, geheimes Wissen, Ratschläge für die Pflege deiner Gesundheit, einmalige Erlebnisse voller Zärtlichkeit, Trost, Heilung und Kraft.

In Gedanken gehst du noch einmal deine Reisevorbereitungen durch: Du legst dich hin, entspannst dich, machst dich frei von allen dich bedrängenden Sorgen und schließt die Tür zu deinem Alltag. Dann öffnest du weit das Tor in das Land deiner Phantasie: *Du spazierst über blumenübersäte Frühlingswiesen, benetzt deine Hände im heilenden Naß eines geheimnisvollen Waldbächleins, holst dir Rat bei dem allwissenden Druiden im Schatten der alten Eichen, kuschelst dich voll Vertrauen und Zuversicht an dein Traumtier ...*

Das Land, in das dich dein Urlaub für die Seele führt, ist ganz nah. Es beginnt gleich hinter deinem Alltag.

Was dich in diesem Buch erwartet

Komm mit mir auf eine spannende Reise in eine Welt, in der *du* die Hauptrolle spielst, in eine Welt voller Kraft und Ideen, die dir so unendlich nah ist, aber in die du bisher nur hin und wieder in deinen Träumen, Hoffnungen und Wünschen einen vagen Blick werfen durftest. Tagträumen umfaßt das ganze Spektrum deiner Vorstellungskraft – angefangen mit Übungen, die nebenbei ausgeführt werden können, wie z. B. das Laufenlassen der Gedanken während eines Spazierganges im Wald, über die Suche nach Antworten auf Fragen des Alltags bis hin zu dem luziden Träumen, mit dem sich ganze Handlungspläne für das reale Leben austesten lassen.

Im *ersten Kapitel* erfährst du, was Tagträume sind und wie du mit ihnen dein Leben bereicherst. Wir alle haben Tagträume. Nur sind unsere Tagträume meist nicht so real und lebensecht wie der Alltag. Unsere Tagträume sind eher dezent. Von konkreten Vorhaben unterscheiden sie sich insofern, als sie keinen fest umrissenen Handlungsplan haben und ein greifbarer Entschluß, handeln zu *wollen,* fehlt. So verbleiben Tagträume meist auf der Ebene reiner Wunschvorstellungen. Und Wunschvorstellungen sind sie ja tatsächlich. Von vielen unserer Tagträume wissen wir, daß sie sich in der Realität nicht verwirklichen lassen, wie der Flug zu fernen Galaxien oder Zeitreisen ins Mittelalter. Sie sind reine Phantasievorstellungen. Und als Phantasien werden sie nicht ernst genommen. Selbst die psychologische Fachwelt betrachtet sie als Nebenprodukte von Gehirnverarbeitungsprozessen, als Erscheinungen, die sich psychologisch erklären lassen und die im harten Lebensalltag nichts zu suchen haben. Folglich verdrängen viele Menschen ihre Tagträume in Zeiten, die höchst ungünstig für Phantasien sind. Tagträume finden statt während des Straßenverkehrs, während Routinearbeiten, beim Essen, in der Badewanne und vor dem Einschlafen.

Wenn trotz des ihnen zugesprochenen Realitätsmangels jeder von uns regelmäßig Tagträume praktiziert, dann muß das seinen Grund haben. Ganz gleich, ob du dir vorstellst, wie es ist, mit einem begehrten Partner am Strand spazierenzugehen, ob du dir den Kinofilm von gestern Abend noch einmal durch den Kopf gehen läßt oder ob du davon träumst, beruflich aufzusteigen – wenn du tagträumst, dann versetzt du dich phantasierend in eine Situation, die dich interessiert und die du auch in deinem Alltag gerne erleben möchtest. Ein offensichtlicher Sinn von Tagträumen liegt also darin, sich Wünsche zu erfüllen. Insofern sind Tagträume in Phantasien gegossene Wünsche an die Zukunft.

Im *zweiten Kapitel* zeige ich dir, wie du deine eigentlichen Wünsche freilegst, wie du auf einfache und zugleich sichere Weise die Themen deiner Tagträume findest. Ich zeige dir, welche Wünsche sich für Tagträume eignen, wie du sie pflegst und wie du aus ihnen wertvolle Anregungen und konkrete Pläne zum Wohle deiner persönlichen Zukunft gewinnst.

Wodurch unterscheidet sich der feine weiße Sandstrand deiner Tagtraum-Urlaubsinsel von dem feinen weißen Sandstrand, auf dem du in deinem realen Urlaub stehst? Die Antwort ist augenfällig: Du *weißt*, wann du die Tagtraumphantasie »weißer Sandstrand« erlebst, und du weißt, wann du *wirklich* barfuß im weichen Sand stehst, das Meer riechst und die Brandung hörst!

Das Wissen um den Phantasiecharakter deiner Tagträume spricht nicht dagegen, dich an ihrer Praxis zu erfreuen, Kraft in ihnen zu finden und neue Ideen auszuprobieren. Im Gegenteil! Im Vergleich zu Kinofilmen und Computerspielen bestehen deine Tagträume ausschließlich aus *deinen eigenen* Phantasien. Sie sind dir auf die Seele geschneidert. Und Kinokarten, einen Bildschirm und eine Computertastatur brauchst du auch nicht, um in ihre faszinierende Welt einzutauchen. Was an spannend schönem Geschehen in deinen Tagträumen abläuft, ist dir unmittelbar gegeben!

Im *dritten Kapitel* erfährst du, wie du dir die optimalen zeitlichen und räumlichen Bedingungen für deine Tagträume schaffst. Zunächst wirst du lernen, bewußter mit deiner Lebenszeit umzugehen. In unserer Alltagswelt ist es gar nicht so einfach, freie Zeiten zu finden. Die Termine unserer Berufswelt und die Vielzahl an gesellschaftlichen Verpflichtungen geben uns oft nur wenig zeitlichen Freiraum. Aber auch der Fluß unserer täglichen Gewohnheiten vermittelt uns den Eindruck, daß wir gar keine Zeit für neue Vorhaben und Aktivitäten hätten. Lange Tagträume erfordern oft Umstrukturierungen in deinem Tagesplan. Dagegen lassen sich für die kurzen bis ultrakurzen Tagträume überall Zeitnischen finden.

Während oberflächliche Tagträume problemlos viele alltäglichen Tätigkeiten begleiten, sozusagen nebenher ablaufen, erfordern intensivere Tagträume einen ungestörten zeitlichen und räumlichen Rahmen. Alle tiefen Tagträume, die sich ganz bestimmten Lebensfragen widmen oder in denen du Wesen deiner inneren Welt zur Lösung deiner Probleme befragen möchtest, sind sehr empfindlich gegenüber äußeren Störungen. Du weißt, wie unangenehm es ist, wenn im Kino dein Sitznachbar ständig redet oder mit lautem Geknirsche und Geschmatze Kartoffelchips und Popcorn verschlingt. Du kennst das Gefühl des Ärgers, wenn du gerade ein spannendes Buch liest und das Telefon dich aus der Handlung reißt. Genauso ungern wirst du bei Tagträumen, besonders solchen der tiefen oder gar luziden Kategorie, gestört werden wollen.

Wirst du bei einem intensiven oder klaren bzw. luziden Tagtraum gestört, ist es oft recht mühselig, an genau die Stelle der Tagtraumhandlung zurückzukehren, an der die Unterbrechung stattfand. Um vor Unterbrechungen und Störungen sicher zu sein, brauchst du einen Ort, an dem du deine Luftschlösser ungestört bauen kannst. Auch sollte dein Körper während deiner phantastischen Erlebnisse eine möglichst entspannte und angenehme räumliche Lage einnehmen können. Bei längeren Tagtraumserien, beispielsweise mit dem Thema

»Abenteuerwanderung durch die Wälder Kanadas«, an der du
in Etappen über Tage oder Wochen träumst, helfen die entspannte Lage des Körpers, der gewohnte Raum und die vertraute Atmosphäre, um zu Beginn der einzelnen Abschnitte
rasch wieder in Tagtraumstimmung zu kommen. In diesem
Kapitel werde ich dir auch Vorschläge machen, wie du Zeit
für deine Tagträume findest und wie du deinen persönlichen
Tagtraumort einrichtest.

Geborgenheit und Sicherheit vor Störungen sind die äußeren Bedingungen für realistisch klare Tagtraumphantasien.
Über die zeitliche und räumliche Abschirmung hinaus ist es
notwendig, daß du auch störende Gedanken ausblendest. Lästige Gedankenfetzen sind nicht nur ein typisches Anfängerproblem. Auch später, etwa bei den Übungen zum luziden
Tagträumen, können störende Gedanken jederzeit deine Tagträume schwächen oder gar blockieren. Wenn du in deinem
Tagtraum im klaren, warmen Meer zwischen Korallen
schwimmst, die bunte Vielfalt tropischer Fische bewunderst
und dich jetzt bereits auf die zärtliche Umarmung eines lieben
Menschen freust, dann können Gedankenfetzen wie »Ich muß
meine Steuererklärung noch abgeben« schon sehr störend wirken. Je schlechter du dich von deinen aktuellen Alltagsproblemen losreißen kannst, desto weniger Aufmerksamkeit wirst
du deinen Tagträumen widmen können. Läßt dein geistiger
Zustand keine Ruhe zu, dann erlebst du deine Tagträume
höchstens in Form flüchtig vorbeihuschender Gedanken. Die
innere Kraftquelle deiner Phantasie kann so nicht ungehindert
sprudeln. Wenn du beispielsweise zehn Minuten Tagtraumur-
laub an einem weißen Sandstrand unter sich im Wind wiegen-
den Palmen machen willst, das Donnern der Brandung genießen und dem tanzenden Spiel der türkisfarbenen Wellen im
goldgelben Sonnenlicht zusehen willst, dann mußt du dein
ganzes Denken einzig und allein diesem Tagtraum widmen.
Du kannst nicht als Taxifahrer am Straßenverkehr teilnehmen,
als Ärztin einen Patienten behandeln oder als Gemeinderats-

mitglied eine Rede halten und zugleich einen intensiven, lebensechten Tagtraum genießen.

Um die Kraftquelle deiner Phantasie zu öffnen, ist es – in Abhängigkeit von der Art des Tagtraums – notwendig, deine Alltagswelt auszublenden. Im Idealfall legst du dich entspannt hin und schließt die Augen deines Alltagskörpers. In der Welt deiner Tagträume öffnest du dann deine Tagtraumaugen und genießt, entspannst, sammelst Eindrücke eines Lebens, das dich glücklich macht, begegnest Wesen, die dich trösten und beraten.

All das erlebst du jedoch nur, wenn dein Tagtraumbewußtsein so stabil ist, daß du nicht abschweifst oder einschläfst. Wie du ein stabiles Bewußtsein aufbaust, zeige ich dir im *vierten Kapitel*.

Die Grundlage jedes Tagtraums ist ein Wunsch. Um diesen Wunsch herum formst du interessante, spannende, faszinierende, lehrreiche, tröstende oder erotische Geschichten. Doch Tagträume lassen sich nicht so einfach zähmen. Ja, es hat geradezu den Anschein, als ob sich ihre gefühlsmäßigen Anteile – etwa die Freude, die du an ihnen hast – zurückziehen würden, wenn sie sich allzusehr beobachtet fühlen. Besonders Anfängern bereitet die Konzentration auf das eigentliche Thema des Tagtraums derart große Schwierigkeiten, daß sie nicht mehr in der Lage sind, ihn richtig zu genießen. Probier es ruhig einmal aus. Nimm dir vor, die nächsten zehn Minuten bewußt von deinem diesjährigen Sommerurlaub zu tagträumen. Du wirst sehen, daß die Konzentration auf den Inhalt dich dermaßen gefangenhält, daß du nur sehr wenig Genuß empfinden kannst. Genießen kannst du einen Tagtraum am besten, wenn du ihn frei laufen läßt. Doch Tagträume ohne jegliche bewußte thematische Stabilisierung sind sehr flüchtig. Du springst in ihnen von Thema zu Thema, und sie enden meist damit, daß du sie über einen zufälligen Gedanken wieder verläßt. Als Kraftquelle für deinen Alltag sind sie dann schlecht zu gebrauchen. Lerne daher, deine Tagträume zu stabilisieren. Am wirkungsvollsten geht das, indem du ihnen eine Handlungs- und Ablaufstruktur unterlegst, d. h., indem du sie planst. Wie du einen brauchbaren Plan für die Umsetzung deiner Wünsche in Tagträume aufstellst, zeige ich dir im *fünften Kapitel*. So ein Plan kann eine einfache Handlungsfolge sein: Zuerst am Strand entlanggehen, dann frühstücken, dann sonnen, dann im Meer baden. Eine Ablaufstruktur kann aber auch eine Vielzahl ineinander verschlungener Ereignisse in einem hochkomplexen Handlungsfeld enthalten, wie das tagträumende Nacherleben eines Liebesdramas oder einer Abenteuergeschichte. Der Plan der Tagtraumgeschichte bildet eine Art grobes Raster, das in einem weiteren Schritt mit phantasierten Sinneserlebnissen gefüllt werden muß.

Nur im Rahmen geplanter Tagtraumhandlungen wirst du dich bewußt den tiefen Bereichen deiner Tagtraumwelt nähern können, ohne ihre überbordende Reichhaltigkeit einzuengen oder die bunte Kraft ihrer Ursprünglichkeit zu bremsen. In deinen Tagtraumplänen gibst du deiner Phantasie die Form, die sie für Handlungsvorlagen in deiner realen Lebenswelt brauchbar macht. Du erfährst, wie du mit Hilfe deiner Tagträume großartige und zugleich erreichbare Ziele findest.

Im *sechsten Kapitel* setzt du deine Tagtraumpläne in die Praxis bunter Tagtraumerlebnisse um. Du erfährst dich *in* der Handlung deiner Tagträume – ähnlich, wie sich der Leser eines spannenden Buches in der gelesenen Handlung fühlt. Im Vergleich zum Lesen eines Romans ist das Erleben deiner Tagträume jedoch viel intensiver, denn du wirst von nichts mehr abgelenkt und kannst deine Aufmerksamkeit voll und ganz auf den Genuß deiner Tagtraumerlebnisse richten. *Erleb dich als Kind auf der alten Holzbank vor deinem Elternhaus, spazier unter dem Blätterdach hoher Bäume auf bemoostem Waldboden, streichle zärtlich deinen Traumpartner und laß dich streicheln, hör der alten Eule zu, wenn sie dir von Glück und Erfolg erzählt ...* Selbst die beste Planung eines Tagtraumverlaufs und gewissenhafteste Durchführung der Übungen schließt gelegentliche

Probleme während deiner Tagträume nicht aus. Bei den oberflächlichen Tagträumen führt meist mangelnde Konzentration zu einem Abbruch des Tagtraums. Gelegentlich kommt es durch Ermüden auch zum Einschlafen. Im Zusammenhang mit tiefen Tagträumen kann es jedoch auch zu Situationen kommen, in denen du Angst empfindest.

Da sind einmal die Ängste vor dem Tagtraum. Manche Menschen fürchten sich davor loszulassen. Sie haben Angst, sich in ihrer eigenen Phantasie zu verlieren. Ängste im Vorfeld des eigentlichen Tagtraums sind ein typisches Anfängerproblem, ähnlich der Angst vor etwas Fremdem. Sie verschwinden gewöhnlich mit dem ersten tiefen Tagtraum. Anders die Ängste während des Tagtraums. Manchmal entstehen Situationen der Angst, wenn du während deiner Tagtraumhandlung deinen Tagtraumplan vergißt, wenn du Gefahr läufst einzuschlafen oder wenn du dich plötzlich mit Situationen, Tieren oder Menschen konfrontiert fühlst, die dir in deinem Alltag Angst machen. Doch niemand braucht in seinen Tagträumen Angst zu haben. Du bestimmst, was in deinen Tagträumen erscheint. Du bestimmt den Plan des Tagtraumes und den Ablauf deines tatsächlichen Tagtraumerlebens. Wichtige Tips für den Abbau von Ängsten in deinen Tagträumen und in deinem Alltagsleben erfährst du im *siebten Kapitel*.

Im *achten Kapitel* wirst du deine Tagtraumpläne mit Leben erfüllen. Erst das bunte Gesamtorchester *aller* deiner Sinne schafft ein lebensechtes und beglückendes Tagtraumerleben, das sich von dem Erleben deiner Alltagsrealität nur durch das Wissen um seinen Phantasiecharakter unterscheidet. Je mehr Sinne an deinem Tagtraumerleben beteiligt sind, desto stärker sprudelt deine innere Kraftquelle. Im achten Kapitel zeige ich dir, wie du Farben und Geräusche in deine Tagtraumbilder bringst. *Der weiße Sand, der dir bis jetzt nur als Gedankenform durch die Finger rann, schillert auf einmal in mehr Weißnuancen, als du je beschreiben kannst. Und die Geräusche aus dem Blätterdach des nahen Waldes zeichnen sich auf einmal so klar gegen das Meeresrauschen ab, daß du versucht bist, in dieser Gesamtkomposition eine Melodie zu finden.*

Deine Tagtraumschlösser gewinnen nun immer mehr an Klarheit und Brillanz. Schließlich erscheinen sie dir täuschend echt, wie ein zweites Leben, in das du von Zeit zu Zeit schlüpfen kannst und in dem du Erholung, Freude, Kraft und Hoffnung für dein Diesseits findest. Weil du dich bei deinem Tagtraumtraining von Anfang an mit Angelegenheiten beschäftigst, die dir am Herzen liegen, hast du Spaß an der Praxis des Tagträumens und sie erscheint dir nicht als Arbeit. Mit Freude und ohne große Mühe lernst du im achten Kapitel, deine optische und akustische Vorstellungskraft enorm zu steigern. Deine Tagtraumerlebnisse werden bunter, facettenreicher und deutlicher, und du wirst in der Lage sein, ganze Situationsblöcke, z. B. sich im Wind wiegende Tannen, Vogelgezwitscher, das Rauschen des nahen Bergbachs und die frische, nach Harz riechende Gebirgsluft zum Gesamtarrangement »sonniger Sonntagmorgen« zu verbinden, um dir darin die unterschiedlichsten Erlebnisse zu schaffen.

So gerüstet, kann deine Seele in Urlaub gehen. Dein Urlaub in der Welt deiner Tagträume wird himmlisch sein wie deine Rückkehr ins Paradies und so spannend und nervzerreißend wie eine Achterbahnfahrt. Du wirst wohlbehalten zurückkommen und neben der Vorfreude auf die nächste Tagtraumreise immer auch eine Anregung für deinen Alltag mitbringen: ein schönes Erlebnis, das dir Kraft gibt, deinen Alltag zu bewältigen; Trost und seelische Streicheleinheiten; Anregungen für neue Pläne und wirkungsvolleres Verhalten; klareres Gesundheitsbewußtsein und höhere soziale Kompetenz. Ich praktiziere das Tagträumen bereits seit einem Vierteljahrhundert, und ich habe bisher von jedem Tagtraum Anregungen für meinen Lebensalltag mitgebracht. Meist erlebe ich in den Tagtraumhandlungen Situationen, die mir Freude bereiten oder Zufriedenheit geben und zugleich zeigen, wie sich diese Freude und Zufriedenheit in meinem Lebensalltag verwirklichen las-

sen. Manchmal erscheint in meinen Tagträumen auch ein Wesen, ein Mensch, ein Tier oder eine Pflanze, spricht mit mir
und zeigt mir Lösungsansätze für all die großen und kleinen
Probleme meines Alltags.

Wenn es dir anfangs schwerfällt, Themen für deine Tagträume zu finden, dann kannst du dich an den Beispielen für
Tagträume aus dem *neunten Kapitel* orientieren. Sie entsprechen den häufigsten Tagtraumarten und sind Auszüge aus
Tagträumen, die ich bei Übungen in meiner Tagtraumgruppe
aufgezeichnet habe. Ihre Typen wurden von einer Vielzahl
unterschiedlicher Personen immer wieder auf ähnliche Weise
erfahren, so daß wir daraus eine einfache Systematik zur Einteilung von Tagträumen nach Tiefe, Dauer und Thema entwickeln konnten.

Du findest im neunten Kapitel Beispiele für leichte und
oberflächliche Tagträume, für nebenbei durchführbare, für
kurze und für erholsame, für erotische, spannende und nerv-
zerreißende, für heilende, tröstende und vorbereitende. Du bist
aber bei der Auswahl deiner eigenen Tagtraumthemen nicht an
diese Beispiele gebunden. Wenn dir ein Tagtraumvorschlag zu
mühsam erscheint oder dir auf sonstige Weise ein unangenehmes Gefühl bereitet, dann laß davon ab. Du wirst in diesem
Buch, in deinem Lebensalltag und vor allem in deiner eigenen
Phantasie genug Themen für deine Tagträume entdecken.

Du kannst jede Geschichte, jeden Roman, jeden Film oder
auch nur einzelne Elemente daraus zu einem Tagtraum machen
und in deiner inneren Welt durchleben. Laß deiner Phantasie
freien Lauf! Neben den Themenvorschlägen für Tagträume
findest du im neunten Kapitel auch verschiedene Ratschläge,
wie du deinen Tagtraumort so ausgestaltest, daß dir die Tagträume besonders leichtfallen, und wie du die im Tagtraum erzeugte Grundstimmung in deinen Alltag übertragen kannst.

In ihrem fortgeschrittenen Stadium ähneln tiefe Tagträume
bereits luziden Träumen. Tagträume, so wie du sie in diesem
Buch kennenlernst, sind immer bewußt. Du planst deine Tag-

traumhandlung, du kannst in sie eingreifen, du kannst deinen Tagtraum beenden, wann immer du willst. In einem tiefen Tagtraum bist du bereits bewußt. Somit ist beim Übergang von einem tiefen Tagtraum in einen luziden Traum nicht das plötzliche Bewußt-Werden das hervorstechendste Merkmal, sondern die immense Zunahme der Klarheit und Intensität der Sinneseindrücke. Im Zustand der Luzidität mußt du dich nicht mehr »konzentrieren«, um eine Rose rot oder den Himmel blau zu machen. In luziden Träumen kommt all das von alleine und mit einer atemberaubenden Intensität. In dieser wunderbaren Welt voll bunter Farben und tiefer Gefühle können die luzid gewordene Tagträumerin und der luzid gewordene Tagträumer handeln und entscheiden wie im Alltagsleben.

Im *zehnten Kapitel* lernst du, den prekären Übergang zwischen klaren Tagträumen und luziden Träumen zu meistern. Luzide Episoden machen deine Tagträume so realistisch wie Erlebnisse deines Alltags.

Damit schließt sich der Kreis. Du hast mit dem Tagträumen begonnen, um die Quellen deiner inneren Kraft und Phantasie zum Sprudeln zu bringen. Jetzt wirken die Tagträume auf deinen Lebensalltag zurück und befruchten ihn mit ihrer bunten Vielfalt an neuen Ideen, Zielen und Zukunftsvorstellungen. Mit der Fähigkeit zu realistisch-klaren und luziden Tagträumen schaffst du dir eine ganz neue Palette von Problemlösungsverfahren.

Im *elften Kapitel* werden wir uns noch einmal diesem Problemlösungsaspekt von Tagträumen zuwenden. Wenn du Erlebnisse hattest, die du bisher noch nicht verarbeiten konntest, dann versetzen dich Tagträume nun in die Lage, sie so oft zu durchlaufen, bis du sie einer Verarbeitung zuführen kannst. Auch bei der Vorbereitung auf Ereignisse, die in deiner Zukunft liegen und vor denen du dich möglicherweise fürchtest, werden dir deine Tagträume helfen. Lange vor dem Eintreffen eines wichtigen Ereignisses wirst du es bereits auf der Ebene

des Tagtraumes durchleben können; sei es die Vorbereitung
auf eine Prüfung, das erste Treffen mit einem neuen Bekannten oder die Vorführung einer Turnübung. Im elften Kapitel
erfährst du also, wie du mit deinen Tagträumen gezielt dein
Leben bereicherst. Ich zeige dir, wie du auf der Ebene der Tagträume deine Verhaltensweisen austestest und anhand der Re-
aktion einer fiktiven Umwelt deine Strategien bestmöglich in
der realen Lebenswelt einsetzt.

Die Fähigkeit zu bewußtem Tagträumen wird dein Leben verändern – zu mehr Freude, Glück, Gesundheit, Liebe und Erfolg.

Du hältst den Schlüssel zu der phantastischsten Welt, die
es für dich je geben kann, und zur Tür zu einem erfüllenden
Dasein bereits jetzt in deinen Händen. Benutz ihn! *Jetzt!*

Du kannst *jetzt* bereits tagträumen. Allerdings mußt du
deine Tagtraumfähigkeit noch kultivieren. Die Grundlagen
hierfür findest du in den nächsten Kapiteln.

So wirst du viel Freude an diesem Buch haben

Absicht dieses Buches ist es, dir die bunte Palette unterschiedlicher Tagtraumarten vorzustellen. Du lernst, wie du deine
Wünsche erkennst, wie du sie zu spannenden Tagtraumgeschichten formst und wie du daraus den größten Gewinn für
deinen Alltag ziehst.

Im Buch findest du 13 Übungen und eine Reihe praktischer
Anleitungen. Die Übungen bilden das Rückgrat deiner Tag-
traumschulung. Ihre Beherrschung ist Voraussetzung für den
Aufbau erfüllender Tagträume. So lernst du in den Übungen,
wie du deine Gedanken kontrollierst, wie du Sinnesempfindungen deines Alltagskörpers, die dich bei deinen Tagträumen
stören könnten, löschst und wie du deine Tagtraumsinne
schulst. Diese Übungen solltest du gewissenhaft durchführen.

Die praktischen Anleitungen zeigen dir, wie du die günstigsten Voraussetzungen für deine Tagträume schaffst und wie du mit den in den Übungen erworbenen Fähigkeiten aus deinen Wünschen erfüllende Tagträume aufbaust. So erfährst du im Rahmen der praktischen Hinweise z. B., wie du eine Tagtraumwunschliste erstellst, wie du dein Selbst stabilisierst, was du machst, wenn Hindernisse in deinen Tagträumen auftreten, und wie du die Erfahrung aus deinen Tagträumen in deinen Lebensalltag überträgst. Die Anleitungen beginnen mit diesem Zeichen 👁 und enden mit * * * oder einer neuen Überschrift.

Neben der Beschreibung von phantasievollen Methoden des Tagträumens findest du auch eine Vielzahl von kursiv gedruckten Beispielgeschichten, die dir das Verständnis und Erlernen der Techniken erleichtern sollen. Du wirst mit mir durch den Frühlingswald wandern, an mittelalterlichen Kutschenfahrten teilnehmen, im nächtlichen Moor spazierengehen und auf einer Südseeinsel dem Klang der Brandung lauschen. Wenn du kein Interesse an den Beispielgeschichten hast, dann überblättere sie einfach. Du kannst dich auch zunächst nur der Praxis des Tagträumens widmen und auf die Beispiele erst dann zurückgreifen, wenn du Probleme hast, für die verschiedenen Tagtraumarten Themen zu finden.

Bevor du mit dem Buch zu arbeiten beginnst, blättere es bitte einmal durch. Lies das Inhaltsverzeichnis. Schaff dir einen Überblick über das, was dich erwartet. Mach dich vertraut mit der faszinierenden Welt, die vor dir liegt.

Schlag das Buch an einer beliebigen Stelle auf. Steck deine Nase hinein, und nimm einen tiefen Atemzug. Schmöker in den Beispielgeschichten.

Lies die Methoden durch und paß sie deinen individuellen Bedürfnissen an.

Betrachte die Anweisungen als Vorschläge. Probier unterschiedliche Techniken aus, und entscheide aufgrund eigener Erfahrung, welche die optimale für dich ist.

Am allerbesten jedoch schmeckt das Buch, wenn du es zunächst von vorne bis hinten durchliest und dir erst dann einzelne Passagen mit Vergnügen noch einmal vornimmst.

Freu dich auf einen Strauß bunter, unvergeßlicher Erlebnisse. Dein inneres Paradies mit seinen unerschöpflichen Schätzen ist nur einen Tagtraum weit entfernt. Öffne die Quellen deiner inneren Kraft. Schaff dir die Sicherheit, die du für dein Handeln im Dschungel deines Alltags so dringend brauchst.

Und fühl dich gut!

Warum ich dieses Buch geschrieben habe

Meine ersten Erfahrungen mit Tagträumen machte ich in der Mitte der 70er Jahre, als ich mein Studium der Zahnmedizin begann. Zu der Zeit waren bereits mehrere Yoga- und Esoterikwellen über Europa hinweggerollt, und es wurde viel geredet über die Kraft des Mentalen, über Traumyoga und Astralreisen. Es war modern, Seminare zur Bewußtseinserweiterung, zur Erlangung höherer Gedankenkräfte und zur Einkehr in die innere Stille zu belegen. Auch ich hatte bereits einen ansehnlichen Bestand an derartigen Erfahrungen angesammelt.

So wie ich suchten viele junge Menschen nach Antworten auf die wichtigsten Fragen ihres Lebens in Psychologieseminaren, belegten Workshops zur Transzendenz und übten sich in Selbsthypnose. Was dabei herauskam, war in den meisten Fällen enttäuschend. Zwar versprachen solche Kurse allerlei neuartige Erlebnisse, teilweise hatten sie auch einen unbestreitbaren Unterhaltungswert, aber es fehlten oft hilfreiche Tips, wie sich die in den Seminaren gemachten Erfahrungen in den Alltag übertragen lassen.

Es blieb nicht aus, daß auch bei unseren studentischen Zusammenkünften das Gespräch immer wieder auf den Sinn bewußtseinserweiternder Übungen kam. Während der Pausen, in der Mensa, ja selbst während unserer Vorlesungen diskutierte ich mit einer Handvoll anderer Studenten über Sinn und Zweck transzendentaler Erfahrungen, luzider Träume und paranormaler Fähigkeiten. Schließlich schlossen wir uns zu einer Gruppe zusammen, mit dem erklärten Ziel, aus unseren Yoga- und Psychoerfahrungen das für uns Brauchbare zusammenzutragen, um daraus ein eigenes Denk- und Verhaltenssystem aufzubauen. Zunächst bestand der harte Kern unserer Gruppe aus fünf Studenten aus den Fachbereichen Medizin und Psychologie. Etwa ein Jahr später stießen noch ein erfahrener Yogalehrer, eine Expertin für bewußtes Träumen und zwei Philosophiestudentinnen hinzu.

Unserer damaligen Überzeugung zufolge lag der Schlüssel zu einem erfolgreichen, erfüllten und glückseligen Leben in der Erweiterung des menschlichen Bewußtseins. Also nahmen wir uns vor, eine ganz neue Form des bewußten Erlebens zu entwickeln. Eine Methode wollten wir ausarbeiten, mit der sich jeder sicher und effektiv in Einklang mit seiner Lebenswelt seelisch entfalten konnte. Als idealer Einstieg für unser Vorhaben erschienen uns unsere Träume.

Die Arbeit mit den Träumen, insbesondere der Versuch, während des Schlafs bewußt zu werden, ohne ganz aufzuwachen, erwies sich jedoch als weit schwieriger als gedacht. Nach einer Reihe von Fehlschlägen einigten wir uns schließlich darauf, Träume von ihrer Grundlage des Schlafes zu entkoppeln. Was zunächst als ein wenig aussichtsreicher Versuch begann, wurde schließlich zu einem großartigen Erfolg. Die neue Vorgehensweise des »Träumens ohne zu schlafen« (wie wir unsere Tagträume damals nannten) verhalf uns schnell zu einer großen Anzahl wertvoller Erfahrungen, die wir auch für unseren Lebensalltag nutzen konnten. Aus diesen Erfahrungen entwickelten wir schließlich eine Reihe von wirksamen Methoden zum bewußten Umgang mit Tagträumen und zu ihrer Steigerung bis hin zur einer hohen Klarheit der Sinnesempfindungen im Tagtraum. Die Methoden sind erprobt. Sie funktionieren nicht nur bei mir, sondern bei allen, die sie getestet haben. Es sind Methoden für ein erfüllendes Leben. Ich habe sie in diesem Buch für dich aufgeschrieben.

Unsere Traumgruppe hat sich im Laufe der Zeit stark verändert. Neue Mitglieder sind während der Jahre hinzugekommen, andere haben die Gruppe verlassen. Seit einigen Jahren halten wir keine offiziellen Treffen mehr ab, haben jedoch noch regelmäßigen Kontakt.

Die Faszination des bewußten und klaren Tagträumens ist geblieben.

Was sind Tagträume?

Tagträume im Sinne dieses Buches erwecken deine Phantasien zum Leben. Es sind nicht bloße Gedankenspiele, die du in Form netter Geschichten aufführen wirst. Tagträume, so wie du sie auf den folgenden Seiten kennenlernst, beziehen deine gesamte Persönlichkeit ein, dein gesamtes Sinnesempfinden, deine Gefühle und vor allem dein klares Bewußtsein.

Tagträume bilden eine Brücke zwischen der Welt deines Alltags und den unerschöpflichen Quellen deiner Phantasie. Sie verbinden die reale Welt, in der du täglich handelnd dein Leben bestreitest, mit der Welt, in der deine Wünsche und Sehnsüchte, aber auch deine Kräfte und Fähigkeiten bereitliegen.

Tagträume sind ein leicht zu öffnender Zugang in deine innere Welt.

Wenn du tagträumst, dann bist du vollkommen bewußt. Bei sehr tiefen und klaren Tagträumen sieht es so aus, als ob dein Körper schlafen würde, obwohl du in deinem Tagtraum über eine blumenübersäte Bergwiese läufst, deine Hände in das klare Wasser eines Bergbaches tauchst und dich durch und durch glücklich fühlst. Aber es gibt auch Tagträume während ganz normaler alltäglicher Routine, beispielsweise während der Busfahrt zur Arbeit, bei der Morgentoilette, bei einem wohlig warmen Bad bei Kerzenschein oder im Liegestuhl auf deiner Terrasse bei einer Tasse Kaffee. Solche Tagträume bezeichne ich als »leicht« und »oberflächlich«, denn deine jeweilige Alltagsbeschäftigung ist in deinem Denken und Erleben anwesend und läßt keine tieferen Tagträume zu, in denen du beispielsweise nicht mehr auf die Lage deines Körpers und auf das harmonische Zusammenspiel deiner Muskeln zu achten brauchst.

Das Spektrum der Tagtraumformen ist daher sehr groß. Es reicht von angenehmen Vorstellungen, die nicht weiter dein Alltagshandeln stören, aber dem Tagesablauf eine erfreuliche Note verleihen, über Tagträume, die helfen Probleme zu lösen, gesund zu bleiben und Erfolg im Leben zu haben, bis hin zu den tiefen Tagträumen, die dich in andere Welten führen, während dein Körper scheinbar schlafend im Bett liegt.

Tagträume sind in Wünsche verpackte Ausdrucksformen deines inneren Selbst. In Tagträumen erlebst du, was du dir zu erleben wünschst. Aufgrund eines Wunsches oder eines Bedürfnisses formst du in Gedanken Situationen und Geschehensabläufe, die du mit Sinneserlebnissen einfärbst, so wie ein Maler eine Bleistiftskizze mit einigen Pinselstrichen in bunte Farben taucht: du in einem gesunden leistungsfähigen Körper, du als Leiter einer großen Firma, du bei der eleganten Lösung eines drängenden Problems, du in einer liebevollen Umarmung, du als glänzender Mittelpunkt eines rauschenden Festes. Tagträume tragen in sich die Keime neuer Ziele, versorgen dich mit nicht zu bändigendem Lebenswillen und durchziehen so dein Leben mit einem Netz freudiger Erwartungen und robuster Lebenskonzepte.

Mit unseren Tagträumen dringen wir in Bereiche unserer Existenz vor, in denen unsere Wünsche und unser Wollen regieren. Wünsche können gewaltige Kräfte freisetzen. Diese Kräfte wollen wir nutzen. Wir wollen Traumwelten erschaffen, in denen wir uns frei bewegen und unser Verlangen nach Liebe, Glück, Zärtlichkeit, Erholung, Stille, Vergebung und Heilsein uneingeschränkt zugeben können. Wir wollen spüren, wie erfüllt unser Leben sein kann. Dieses Wissen wollen wir mit in unseren Alltag nehmen. Es wird uns helfen, unser Leben sinnvoll zu gestalten, Fehler zu vermeiden und Erfolg zu haben. Tagträume sind daher ein ausgezeichnetes Übungsfeld für Erfolgsstrategien. In deinen Tagträumen kannst du probehandeln. Du kannst vor dem Hintergrund deines gesamten Wissensvorrats erleben, wie sich deine Pläne in die Tat umsetzen lassen, welche Schwierigkeiten sich dir in den Weg stellen könnten, wo du Schwächen hast und wo deine Stärken liegen. Damit ist Tagträumen weitaus mehr als bloßes Nachdenken. Zwar kann sich dein Lebensalltag anders entwickeln, als du es dir in deinen Tagträumen ausgemalt hast, denn Leben ist immer überraschend und immer neu. Jedoch schenken dir Tagträume neben einer in sich stimmigen Lebensstrategie auch ein Stück Lebenssicherheit – und das fördert deine Entschlußkraft. All das wirkt der Stagnation entgegen.

Sozialpsychologische Untersuchungen haben gezeigt, daß es gerade die Unverbindlichkeit von Phantasien ist, die den Genuß von Luftschlössern erhöht. Auch unsere Tagträume sind ja zunächst völlig unverbindlich. Wenn wir uns vorstellen, wie schön es wäre, jetzt im weißen Sand zu liegen und dem Rauschen der Wellen zuzuhören, dann ist dieser Zustand nicht gleichbedeutend mit dem Entschluß, jetzt aufzustehen und eine Reise in die Südsee zu buchen (obwohl es manchmal auch schnelle Entschlüsse gibt). Die Unverbindlichkeit unserer Tagträume ist vielmehr der Nährboden, auf dem unsere ureigensten Wünsche reifen können, ohne sofort mit dem scharfen Messer eines »Nein!«, eines »Geht-Nicht!« oder eines »Nicht-zu-Verwirklichen« abgeschnitten zu werden. Unser Tagträumen, im Sinne eines unverbindlichen Austestens, ist somit ein wichtiges Bindeglied zwischen den unvoreingenommenen Wünschen unserer mentalen Welt und dem in die Alltagswirklichkeit gerichteten Handeln. Tagträume verbinden uns mit unserem Urgrund an »glücklich sein« und »sich freuen«. Wer keine Tagträume mehr hat, dessen Wünsche und Freuden können sich nicht mehr in Plänen ausdrücken. Und Pläne, die nicht auf freudig erwarteten Zielen aufbauen, sind nichts weiter als bloße Ideenhülsen, ohne Chance auf entschlossene Verwirklichung. Tagträumen gibt deinem Leben eine bezaubernde innovative Note – und hält dich auf der Siegerstraße.

Wie du mit Tagträumen dein Leben bereicherst

Laß dich einladen zu einem Besuch in eine phantastische Welt. In deinen Tagträumen kannst du all das erleben, was du dir zu erleben wünschst – mit klaren Sinnen und voll bewußt. Deine Tagtraumwelt ist die Welt deiner Wünsche, deines Wissens, deiner Hoffnungen und des Sieges über deine Ängste. Tagtrauminhalte sind jedoch weit mehr als bloße Spielereien deiner Phantasie. Tagträume sind Elemente einer aktiven Lebenshilfe:

• Tagträume schenken dir Kraft und Motivation zur Verwirklichung deiner Ziele. Sie bauen eine Erwartungshaltung der kribbelnden Vorfreude auf. Sie zeigen dir alle erdenklichen Lebensziele mit einer Deutlichkeit und Anschaulichkeit, wie sie inmitten der Ablenkungen und Sorgen deines Lebensalltags nicht möglich wären. Die Vorfreude aus deinen Tagträumen gibt dir die Energie zur Realisierung deiner neuen Vorhaben, denn wenn du in deinen Tagträumen Gefallen an einer Situation findest, dann möchtest du sie natürlich auch in deiner Alltagswelt erleben.
• Tagträume eignen sich hervorragend zur strategischen Lebensplanung. Wenn du tagträumst, dann denkst du nicht nur nach, sondern du erlebst mit allen deinen Sinnen. In deinen Tagträumen bist du der vorgestellten Situation sehr nahe. Auf diese Weise entdeckst du Gesichtspunkte, die dir bei bloßem Nachdenken verborgen geblieben wären. Du

nimmst in deinen Tagträumen eine Perspektive ein, die dem Erleben der realen Welt ähnelt. Wie bei einer Generalprobe kannst du deine Verhaltensweisen und Strategien auf dem Spielfeld deiner Tagträume testen und die gewonnene Erfahrung in deine Alltags- und Lebensplanung einfließen lassen.

- Tagträume sind ein effektiver Weg zur Änderung eingefahrener Routine. Mit Tagträumen lassen sich Ängste abbauen, das Gesundheitsverhalten ändern und die soziale Kompetenz steigern. Als begleitende Maßnahme zur Raucherentwöhnung haben sich Tagträume bereits bei vielen Menschen hervorragend bewährt. Durchforste in deinen Tagträumen die Sinnhaftigkeit deiner Morgenroutine, lern eine neue Schrittfolge beim Tanzen, beweis dir, daß du anderen Menschen beim Rauchen zusehen kannst, ohne selbst rauchen zu müssen, erleb, daß du in ein Flugzeug steigen kannst, ohne Flugangst zu spüren.

- Eine ganz besondere Rolle spielen Tagträume bei der Verarbeitung unangenehmer Erlebnisse, die auf der Seele lasten. Weil deine Tagträume nur dir gehören, kannst du in ihnen all die tiefen urprivaten Wünsche, Sehnsüchte und Begierden zugeben, die du nie jemandem erzählen würdest. Also beichte deine Sünden deinem persönlichen Traumtier, wein dich zwischen den Wurzeln deines Beschützerbaums aus. Tagträume lassen dich in die Tiefe deiner Seele schauen.

- Daß Tagträume eine therapeutische Funktion erfüllen, läßt sich relativ leicht belegen. So konnte meine Arbeitsgruppe bei Patienten nach einer dreimonatigen Tagtraumübung, die regelmäßig eine Stunde vor dem Schlafengehen stattfand, ein meßbar verbessertes Allgemeinbefinden feststellen. Alle Personen, die regelmäßig mindestens 30 Minuten bewußt tagträumten, hatten nach nur vier Wochen ein deutlich gesteigertes Selbstwertgefühl.

- Darüber hinaus sind Tagträume ein ideales Mittel zur Entspannung. Laß mitten in deinem Alltag deine Probleme für einige Minuten ruhen, und begib dich in Gedanken auf deine Urlaubsinsel. Laß abends nach deiner Arbeit deine Seele bei einem Spaziergang durch einen sommerlich üppigen Regenwald baumeln. Mit deinen Tagträumen kannst du mitten im Arbeitstag deine Probleme für einige Zeit vergessen, um sie dann mit neuen Kräften und um so erfolgversprechender wieder anzupacken.

• Zudem sind Tagträume ein Ventil für sehnliche, aber unerfüllbare Wünsche. So kannst du in deinen Tagträumen mit Kolumbus Amerika entdecken, deinen Fuß auf fremde Planeten setzen oder mit einem begehrten, aber unerreichbaren Menschen einen Abend verbringen. Du wirst den langen, grauen und trüben mitteleuropäischen Winter viel leichter ertragen, wenn du einige Male in der Woche in der Mittagsglut des feinen weißen Korallensandes liegen und dir von den salzigen Meereswogen deinen entspannten Körper benetzen lassen kannst. Und du hältst dem Streß deines Arbeitstags viel leichter stand, wenn du dich auf deinen allabendlichen Besuch in deiner bunten, spannenden, erotischen und Kraft schenkenden Tagtraumwelt freuen kannst. Ein Ausleben dieser Wünsche im Rahmen deiner Tagträume macht nicht nur Freude und erhält deine Lebenszufriedenheit, sondern hält dir auch den Rücken frei für die Erledigungen des Alltags.

In diesem Zusammenhang stellt sich immer wieder die Frage nach einer Gefahr der Flucht aus der Wirklichkeit der Alltagswelt in eine Parallelwelt, die dem eigenen Wollen keinen Widerstand entgegensetzt. Wenn man die Techniken des klaren Tagträumens erst einmal beherrscht, dann führen sie auf einfache und leicht zu praktizierende Weise zu ungefährlichen Abenteuern, risikolosen Mutproben und folgenlosen Liebeleien. Besteht da nicht die Gefahr, daß sie dir einmal wichtiger werden als deine Alltagswirklichkeit? Kann es da nicht sein, daß du dich in deinen Tagträumen verlierst und dadurch dein Alltagsleben verträumst? Kann es geschehen, daß dich dein

Tagtraumpartner derart begeistert, daß du es gar nicht mehr in Erwägung ziehst, den netten Typ von nebenan kennenzulernen? Kann es gar passieren, daß du es vorziehst, in deinen Tagträumen auf dem Chefsessel zu sitzen, anstatt dich in deiner realen Welt für dein berufliches Fortkommen einzusetzen? Keine Angst! Aus Tagtraumerlebnissen erwächst nicht die Gefahr einer Lebensverneinung. Die Gefahr der Weltflucht ist nicht größer als beim Lesen eines faszinierenden Romans oder bei der Betrachtung eines spannenden Films.

Auch die Gefahr einer Tagtraumsucht im Sinne eines vollständigen Aufgehens im Tagtraum halte ich für restlos ausgeschlossen. Noch nie ist mir ein derartiger Fall zu Ohren gekommen. Allein das immer wiederkehrende Auftreten körperlicher Bedürfnisse und das Eingebundensein des Tagträumers in seine soziale Umwelt zwingt ihn zur regelmäßigen Kenntnisnahme der Vorrangigkeit der Alltagswelt vor Phantasiewelten.

Der Aspekt der Wunscherfüllung spielt in diesem Buch nur eine Nebenrolle. Das Hauptaugenmerk in unserem Tagtraumkurs werden wir auf die Rolle von Tagträumen bei der Kraft- und Motivationsfindung richten sowie bei der strategischen Lebensplanung, der Veränderung von Routine, der Verarbeitung unangenehmer Erlebnisse und der Entspannung.

Wenn du jede Situation deiner Alltagswelt auf der Ebene deiner Tagträume wiederholen kannst, wirst du bewußter und ganzheitlicher leben. Also setz deine Tagträume mit deinen Alltagsproblemen in Beziehung. Sie stabilisieren deine Identität, bauen Streß ab, lösen Konflikte, lassen dich einen neuen Sinn im Leben finden, regulieren deine Stimmung, helfen neue psychische Strukturen zu organisieren – und vor allem machen sie jede Menge Freude. Damit sind Tagträume ein ideales Mittel zur Erfüllung deines Lebens – durch eine farbenfrohe Mischung aus Erfolg, Erholung, Glücklichsein, Spannung und Spaß.

2

Tagträume und Alltagsrealität

Wenn du deine Tagträume einsetzen willst, um daraus Vorteile und Nutzen für deinen Alltag zu ziehen, dann mußt du wissen, was deinem Alltag fehlt. Dir muß klar sein, was du in deinem Leben erreichen willst und wie du es erreichen kannst. Öffne die Schatzkammer deiner Wünsche. Nur du allein kannst es!

Nur *dein* Erleben zählt

Halt einen kurzen Augenblick inne. Spürst du das Buch in deiner Hand? Sein Gewicht? Die Glätte seines Umschlags? Und was ist mit deinem Körper? Fühlst du den Stuhl, auf dem du sitzt, das Sofa, auf dem du liegst? Und die räumliche Umgebung deines Leseplatzes, die Zimmerdecke, die Zimmertür, das Fenster, die Welt draußen vor dem Fenster? Ist all das real? »Eigentlich schon«, hör ich dich sagen, »denn wenn ich mein Buch ansehe und kurz die Augen schließe, dann ist es immer noch da, wenn ich die Augen wieder öffne. Das ist Realität!« Doch wie definiert sich diese Realität? Das Buch kannst du sehen und fühlen. Beides sind Erlebnisse. Die Lehne des Stuhls hinter dir spürst du in deinem Rücken, und wenn du auf den Tisch neben dir klopfst, hörst du einen dumpfen Klang. Auch das sind Erlebnisse. Alle diese Beweise eines

realen Seins erfährst du nur über deine persönlichen Erlebnisse. Und wie ist es mit der Welt jenseits deines Fensters? Laß
deinen Blick schweifen. Auch alles, was es da draußen gibt,
gibt es für dich *immer* im Rahmen deines Erlebens.

In der Tat besteht jeder deiner Zugänge zur Welt in einem
Erleben. Es können immer nur dann Kräfte, Dinge, Personen
oder Geschehensabläufe Bestandteil deiner Welt sein, wenn sie
für dich erfahrbar sind. Menschen, Dinge oder Geschehensabläufe, die du nicht siehst, hörst, spürst, riechst oder schmeckst,
können in keinster Weise Teil deines Lebens sein. Solange dir
weder von einer Erscheinung noch von einer Auswirkung dieser Erscheinung Kenntnisse zukommen, ist sie für dich einfach
nicht existent! Du zweifelst? Versuch ruhig einmal etwas zu
finden, das es in deiner Welt geben könnte, ohne daß es auf
die eine oder andere Weise in deinem Erleben ist. Du wirst
feststellen, daß es so etwas nicht gibt!

Zugleich ist dein Erleben viel realer als die in dieser Welt existierenden Gegenstände. Das zarte, ins Rosa übergehende Gelb
eines Apfels, sein lieblicher Duft nach Herbst und sein fruch-
tig süß-säuerlicher Geschmack beim Hineinbeißen sind dir als
Erleben viel näher als die Deutung dieses Apfelerlebens über
Sinneserregungen, Erregungsleitung in Nervenbahnen und Er-
regungsverarbeitung im Gehirn. Jede Erklärung eines Erlebnisses ist immer dem eigentlichen Erleben nachgeordnet. Mit anderen Worten: Erleben ist immer ursprünglicher als die Deutung
dieses Erlebens. Zuerst siehst, riechst, fühlst und schmeckst du
den Apfel – und dann erst erklärst du ihn als biochemisches
Produkt oder als Frucht des Apfelbaumes. Genauso könntest
du dir den Apfel in seiner vollkommenen zartrosa-gelben Schale
und mit seinem unwiderstehlichen Duft auch lediglich vorstellen und ihn dann als Produkt deiner Phantasie erklären.

Worin liegt der Unterschied? »Der Unterschied«, höre ich
dich sagen, »liegt darin, daß der *vorgestellte* Apfel nicht so
real ist, weil ich ihn nicht so klar sehe, rieche, fühle und
schmecke wie den *materiell erklärbaren* Apfel! Vor allem kann

ich ihn nicht essen!« Du hast recht. Aber gerade dieses Klar-
erleben unserer Phantasien wollen wir in unserem Tagtraumkurs immens steigern: Du wirst lernen, dir Personen, Dinge
und Situationen so klar vorzustellen, zu imaginieren, daß für
dich Fragen nach ihrem Zustandekommen nur noch eine
untergeordnete Rolle spielen.

All dein Erleben hat Anteil an *deiner Wirklichkeit* – und
deine Wirklichkeit besteht in allen ihren Teilen und Aspekten
aus deinem Erleben. Unter diesem Blickwinkel werden Alltag
und Tagtraumwelt miteinander vergleichbar.

Du bist dein eigener Experte

Aber warum solltest du überhaupt Ziele und Handlungspläne,
Fragen und Probleme, Freuden und Ängste tagträumend angehen? Gibt es nicht für alle möglichen Fragen des Lebens eine
Vielzahl von Büchern und eine Schar von Experten? Lassen
sich nicht Antworten kaufen bei Psychologen, Rechtsberatern,
Ärzten, Anlageberatern? Gibt es nicht Problemlösungsstrate-
gien zuhauf in Büchern, Kursen und im Internet? All diese
Problemlösungen, Ratschläge, Antworten und Hilfen haben
jedoch einen Schönheitsfehler. Sie sind zwar auch Erlebnisse,
nämlich im Rahmen deines Zuhörens, Denkens und Lesens.
Sie sind jedoch keine Erlebnisse der konkreten Situation *deines* realen Alltags. Erlebnissen deines realen Alltags am nächsten stehen Vorstellungen, die du dir von deinen Alltagserlebnissen machst. Das klingt banal, hat aber einen tieferen Sinn.
Es soll ausdrücken, daß dir deine eigenen Erfahrungen, die Erinnerungen dieser Erfahrungen, die Gedanken, die du dir darüber machst, und die Schlußfolgerungen, die du daraus ziehst,
viel näher sind als gutgemeinte und zweifelsohne in sich stimmige Ratschläge anderer Menschen.

Nichts ähnelt so sehr deiner Erlebenswelt wie deine Gedanken. Doch Gedanken sind nicht so lebendig, nicht so bunt und

auch nicht so bewegend wie das Erleben der Realität. Dagegen strotzen Tagträume nur so vor Lebendigkeit. Im Gegensatz zum bloßen Nachdenken über die Lösung eines Problems kannst du in deinen Tagträumen Antworten und verschiedene Situationen *austesten*. Die tagträumende Generalprobe einer Liebeserklärung steht der Realität viel näher als das Auswendiglernen des Textes. Das tagträumende Einüben neuer Tanzschritte ist viel effektiver als ihr Studium in einem Buch.

Neben diesem eher praktischen Nutzen deiner Tagträume haben sie jedoch noch eine viel tiefere Funktion, die ebenfalls mit deinem Erleben zusammenhängt. Alle deine Erlebnisse gibt es nur, weil *du* sie erlebst. Erst *du* als Beobachter ordnest den Erscheinungen in deinem Erleben einen normativen Wert zu. Dadurch stehen alle deine Erlebnisse immer unter einer ganz bestimmten Perspektive. Diese Perspektive ist dein Standpunkt, der Blickwinkel, unter dem du die Welt betrachtest. Es gibt so viele unterschiedliche Standpunkte, wie es menschliche Wesen gibt. Daher ist *deine* Perspektive etwas ganz Besonderes. Sie prägt sowohl den Standpunkt deines Alltages als auch deine Tagtraumsicht.

Aber nicht nur ihre Einmaligkeit ist das Besondere, sondern vor allem die Tatsache, daß du nur diese einzige Perspektive hast. Das macht dich zum Experten. Als eine Funktion deines persönlichen Wissensvorrates ist die Perspektive, mit der du an die Deutung deiner Erlebnisse herangehst, genauso einmalig wie du. Die Einmaligkeit deiner persönlichen Perspektive kannst du nicht ablegen, weder im Alltag noch in deinen Tagträumen.

Deine persönliche Perspektive hängt ab von deinen Erfahrungen, und die finden ihren Niederschlag in deinem Erfahrungsschatz, deinem persönlichen Wissensvorrat. Ohne dich gäbe es auch deine Erlebnisse nicht! Der palmenbewachsene weiße Sandstrand vor türkisblauem Wasser existiert in deiner Erlebenswelt nur, wenn du ihn auf irgendeine Weise erlebst: entweder als direktes Erlebnis des Strandes aufgrund deiner

körperlichen Anwesenheit oder als Seherlebnis einer Filmvorführung, als Leseerlebnis eines Reiseberichts, als Hörerlebnis
einer Erzählung oder als Erinnerungs-, Traum-, Tagtraum-
oder sonstiges Phantasieerlebnis. Von anderen Personen Erleb-
tes bleibt davon unbeeinflußt. So wie in deiner Erlebenswelt
existiert der weiße Sandstrand in keiner anderen.

Da keine zwei Menschen im Verlauf ihrer Lebensgeschichte
exakt die gleichen Erfahrungen machen, können sich auch
ihre persönlichen Wissensvorräte nicht gleichen und damit
auch nicht ihre Perspektiven. Es kann nie zwei Menschen mit
exakt dem gleichen Wissensvorrat geben. Daher ist nicht nur
dein Erleben einmalig. Auch deine Bewertung dieses Erlebens
ist einmalig. Nur du kennst deine wirklichen Wünsche, Bedürfnisse und Begehren, und nur du bist dein eigentlicher Ex-
perte.

Nur *deine* Bedürfnisse zeigen dir, was du wirklich
brauchst. Sie werden dir auch den Weg zu deinen Tag-
trauminhalten weisen. Orientier dich an dieser Erkenntnis, wenn du an die Aufstellung deiner Tagtraumwünsche gehst, denn keiner kennt dich so gut wie du.

Finde deine Tagtraumwünsche

Tagträume sind personenzentriert, d.h., jeder Mensch kann
nur seine eigenen Tagträume erleben, und es gibt keine Tagträume ohne Tagträumer. Doch wie gelangt der Tagträumer
an seine Tagtraumthemen? Die Antwort auf diese Frage liegt
im Aufbau des persönlichen Wissensvorrates des Tagträumers.
Im Laufe deines Lebens warst du den verschiedensten Einflüs-
sen ausgesetzt. Du hattest Erlebnisse mit den unterschiedlichsten thematischen Schwerpunkten. Daraus ergibt sich eine

Vielzahl unterschiedlicher Aufschichtungen deines persönlichen Wissensvorrats. Du hast eine Vielzahl von Werten kennengelernt, die unterschiedlichsten Wünsche entwickelt und die verschiedenartigsten Ziele angestrebt.

Innerhalb dieses Schatzes an Wünschen, Werten und Zielen kam es zu Strukturen der Über-, Unter- und Nebenordnung. Du hast Wunsch- und Werthierarchien aufgebaut und Wünsche gebündelt: Du weißt, was dir wichtig ist, du kennst deine Vorlieben, und du hast eine Reihe von Sympathien und Antipathien, Bedürfnissen, Leidenschaften, Begierden und Begehren entwickelt. Du weißt, was dein Herz vor Freude zum Rasen bringt, was dich mit Abscheu erfüllt und was in dir das Gefühl tödlicher Langeweile erzeugt. Gerade extreme Gefühle zeigen, daß du mit einem Thema viel verbindest, daß für dich mehr an dem Thema dran ist.

Diese Hierarchie deiner Wünsche ist allerdings in hohem Maße außengesteuert. Sie ist durchsetzt von den Vorstellungen der Personen, mit denen du dein bisheriges Leben geteilt hast. Seit deiner Geburt bist du mit anderen Menschen zusammen: Eltern, Lehrern, Partnern, Kollegen – immer nimmst du Wissen von deiner sozialen Umwelt auf. Mit diesem Wissen lernst du auch eine große Anzahl unterschiedlicher Werte und Ziele anderer Menschen kennen. Ist es da verwunderlich, wenn auch deine *Wünsche* stark von den Vorstellungen der Gesellschaft, in der du lebst, von Elternhaus und Schule geprägt sind?

Doch nicht alle deine Begehren, Sehnsüchte und Begierden lassen sich auf die Gesellschaft, in der du lebst, zurückführen. Neben Wünschen, die dir anerzogen wurden, gibt es auch solche, die ursprünglich von dir stammen. Bei anerzogenen Wünschen handelt es sich meist um sozial erwünschtes Verhalten, wie etwa Sauberkeit, Ehrlichkeit, Fleiß, Wahrhaftigkeit, Unterwürfigkeit unter soziale Normen, aber auch Konflikt- und Kommunikationsfähigkeit. Dieses Verhalten kannst du natürlich in deinem Tagtraumerleben zeigen. Jedoch hast du für seine Verwirklichung auch in deinem Lebensalltag genügend Gelegenheit. Dagegen beruhen Wünsche, die deinen *ursprünglichen* Werten und Zielen entstammen, meist auf einem ganz bestimmten Mangelerlebnis. Beispiele hierfür sind der Hunger nach Erfolg, das Bedürfnis nach Gesundheit, das Sehnen nach Liebe, Wärme, Geborgenheit, nach einem Menschen, den man ohne Wenn und Aber in den Arm nehmen kann, nach Glück und Glückseligkeit und der Überwindung der Trauer um den Verlust eines geliebten Menschen. Manchmal ist es schwer, anerzogene und ursprüngliche Wünsche, Werte und Ziele zu trennen.

Bis jetzt gab es für dich nur zwei Wege, um mit Werten und Zielen, die auf einem Mangelerlebnis beruhten, umzugehen. Du konntest versuchen, im Rahmen deines Handelns dieses Mangelerlebnis zu beseitigen: also mehr Geld verdienen, den passenden Lebenspartner finden oder einfach den Traumurlaub buchen. Wenn dies nicht möglich war, etwa weil du in deiner Situation gar keinen Weg gesehen hast, mehr Geld zu verdienen oder deinen Traumpartner zu finden, blieb nur die Möglichkeit, dich mit deiner Lage abzufinden. Das ist ganz schön frustrierend und führt zu einer Reihe von Ausweichverhalten wie Alkoholismus, Aggressivität und Depression. Die Lebensfreude schwindet.

Jetzt gibt es für dich wieder Hoffnung: die fürsorgliche Pflege deiner Wünsche im Rahmen glückselig machender Tagträume, ihre Verwandlung in Strategien und der Test dieser Strategien im Land deiner Phantasie. Wenn du herausbekommen willst, was dich tief in deinem Innern so richtig glücklich macht, dann such deine eigentlichen Wünsche auch im Rahmen deines Tagtraumerlebens. Erleb, wie dein Leben aussehen könnte, wenn du das Ziel erreicht hast. Frag deinen allwissenden Druiden nach der richtigen Taktik, hol dir Trost bei deinem herzensguten Traumtier.

Doch was sind deine eigentlichen Wünsche? Du findest deine eigentlichen Wünsche über die gefühlsmäßige Bewertung deiner Lebenswelt: Gibt es etwas, das du gerne tun würdest? Laß *die* Gedanken an die Oberfläche kommen, die sonst nur im Hintergrund deines Denkens oder deines Alltagserlebens herumschwirren. Lern, dir zuzuhören.

Stell dir folgende Fragen:
• Was macht mich glücklich?
• Was bereitet mir bereits seit langem Freude?
• Was würde ich gerne erleben?
• Was macht mir absolut keinen Spaß?
• Worüber ärgere ich mich bereits seit langem?
• Was möchte ich nie erleben?

Wünsche finden ihren Niederschlag in Zielen. Die Fähigkeit, zwischen persönlich erstrebenswerten und leeren Zielen zu unterscheiden und ihre Erprobung im Rahmen deiner Tagträume entlastet die Zielstruktur deines Alltagslebens. Geh absolut vorurteilslos auf die Suche nach deinen Wünschen. Macht es dir beispielsweise Spaß, bis in den Abend hinein zu arbeiten? Brauchst du das Geld, um dir einen sehnlichen Wunsch zu erfüllen, oder bist du nur zum Workaholic erzogen? Entrümpele deine Zielstruktur. Mach deine Ziele stimmig. Es ist Unsinn, beispielsweise nur deshalb schneller zu arbeiten, weil man die gewonnene Zeit zur Entspannung braucht. Vermeide es, Ziele anzustreben, die sich gegenseitig im Wege stehen. Eine in sich stimmige Zielstruktur schont nicht nur deine Gesundheit, sondern spart überdies auch noch Zeit und Geld.

Die vorurteilslose Suche nach den eigenen Wünschen ist gar nicht so schwer. Möglicherweise fällt dir zunächst gar nichts Konkretes ein. Oder du gibst nur Wünsche zu, von denen du denkst, daß sie einen guten Eindruck machen würden. Dann entspann dich. Es ist niemand da, auf den du einen guten Ein-

druck machen mußt. Laß alle Wünsche zu. Auch die, die du
niemandem erzählen würdest, derentwegen du dich schämen
würdest und die du für gemein, schwach, blöd, kindisch oder
verlogen hältst. Achte nicht darauf, ob sie sich in deinem
Leben verwirklichen lassen. Achte nicht einmal darauf, ob sie
sich in dieser Gesellschaft, in diesem Land, in dieser Welt
verwirklichen lassen.

Ich habe schon viele Tagtraumneulinge bei der Erstellung ihrer
Wunschliste beraten. Bei der Suche nach den persönlichen
Wünschen fällt mir immer wieder auf, daß sehr oft sozial an-
erkannte Wünsche geäußert werden, beispielsweise nur Gutes
zu tun oder anderen Menschen zu helfen. Zwar ist es immer
anerkennenswert, soziales Verhalten zu zeigen, jedoch sind
solche Wünsche, abgesehen von ihrer viel zu großen Spannweite, für deine persönliche Wunschliste meistens unbrauchbar. Sie sind – größtenteils – nichts weiter als ein Nacher-
zählen von gelernten gesellschaftlichen Verhaltensregeln.

Um ein geistloses Nachgeplapper gelernter Verhaltens-
maßregeln zum Zwecke der Profilierung zu unterbinden, rate
ich meinen Tagtraumschülern seit einigen Jahren, ihre Wünsche und die damit verbundene Wert- und Zielstruktur ge-
heimzuhalten (vgl. auch »Halte deine Tagträume möglichst
geheim«, S. 47).

Geh in der urprivaten Welt deiner Gedanken und Gefühle
auf Wunschsuche, und deine Wunschfindung wird ehrlicher
und effektiver sein.

Erstell deine Tagtraumwunschliste

Nimm dir Zeit für die Suche nach deinen eigentlichen Wünschen, Begehren und Begierden. Bei einer Tasse Tee kannst du
unendlich viele Facetten deiner höchst privaten Bedürfnisse
und Wünsche zutage fördern.

Such dir einen Ort, an dem du relativ ungestört bist. Entspann dich. Nimm zwei Blatt Papier (DIN A4). Auf ein Blatt malst du ein großes + (Plus) und auf das andere ein großes – (Minus). Denk zunächst nicht an deine aktuellen Alltagssorgen. Nimm dir vor, alles aufzuschreiben, was dir in den Sinn kommt. Schreib aber nichts auf, von dem du glaubst, daß du es schreiben *müßtest*. Es ist niemand da, der dir über die Schulter blickt.

• Nun überleg dir, was in deiner Umwelt dich mittel- und langfristig mit positiven Gefühlen erfüllt. Schreib auf das Blatt Papier mit dem + alle Dinge, die dir positive Gefühle bereiten. Dann überleg dir, was dich mit negativen Gefühlen erfüllt. Schreib auf das Blatt mit dem – alle Dinge, mit denen du negative Gefühle verbindest. Du kannst aufschreiben, was dir in den Sinn kommt: Dinge, Personen, Situationen, Farben, Pflanzen, Musik, Romanfiguren. Bei der Erstellung der Positivliste kannst du dich beispielsweise fragen: »Was ist für mich das Allerwichtigste?« »Was macht mir so richtig Freude?« »Was wollte ich schon lange einmal tun?« »Was ruft Bauchkribbeln bei mir hervor?« Schreib alles auf. Beschränk dich nicht. Laß alles zu. Es geht um dein privatestes Vorhaben. Achte weder auf die Wertigkeit noch auf die Reihenfolge der aufgezählten Punkte. Du bestimmst, wann es genug ist. Laß dir Zeit.

Die Beurteilung der Elemente deiner Lebenswelt nach den Gefühlen, die sie dir bereiten, ist zunächst neu für dich. Doch es geht bei deinen Tagträumen nicht darum, wie die Elemente deiner Lebenswelt wirklich *sind*. Es geht auch nicht darum, wie du glaubst, daß sie sind. Es geht einzig und allein darum, welche Gefühle sie dir bereiten.

Bei manchen Elementen wirst du unsicher sein, auf welches Blatt sie gehören. Dann laß sie einfach weg. Auch wirst du feststellen, daß du manche Elemente je nach Situation unterschiedlich bewertest. Möglicherweise wirst du an einem Tag »meinen Lebenspartner heiraten« auf die Positivliste setzen und am nächsten Tag auf die Negativliste. Dann laß diesen Punkt zunächst auf beiden Listen stehen. Warte einige Zeit, und bewerte ihn erneut. Auch wirst du feststellen, daß sich manche Wertigkeiten allein dadurch verändern, *weil* du sie auf die Liste setzt. Vielleicht hast du das Gefühl, dich so für den Streit von gestern abend rächen zu können. Möglicherweise bist du bereits eine Stunde später versucht, den fraglichen Punkt wieder von der Liste zu streichen, weil er seine Brisanz verloren hat. Die Auflistung deiner Wünsche ist jedoch nicht gleichbedeutend mit der Wunsch*erfüllung*. Also laß ihn da stehen!

- Setz dich wieder gemütlich hin, und betrachte deine positive Stichpunktliste. Hast du ein gutes Gefühl? Spürst du dich ruhiger werden? Fühlst du gar eine angenehme Gänsehaut auf deinem Rücken? Dann sind diese Punkte gut für dich. Oder fühlst du dich überfordert, vielleicht getrieben wie im Alltagsleben? All die Streß bereitenden, negativen, langweiligen oder schmerzhaften Erlebnisse gehören auf die Negativliste. Schreib niemals deine Alltagsaufgaben auf deine Positivliste, selbst wenn du dich ihnen noch so verpflichtet fühlst. Das würde nur die Sisyphusarbeit deines Alltagslebens in deine Tagtraumhandlung kopieren. Wichtig ist, daß du nur nach deinem Gefühl urteilst. Laß keine rationalen Begründungen zu, und überleg dir keine Bedeutungen oder Sinnzusammenhänge. All das spielt in den Gefilden deiner Tagträume sowieso keine Rolle mehr, weil *du* allein es bist, der dort Sinn- und Kausalbeziehungen herstellt.
- Wiederhol den ganzen Vorgang zur Wunschfindung an verschiedenen Tagen, zu verschiedenen Tageszeiten, am Wochenende, während der Arbeitspause. Du bist nicht immer gleich gut gelaunt. Wenn dir nichts mehr einfällt, du aber der Meinung bist, deine Listen seien unvollständig, dann nimm sie mit in den Wald, an die Bank am See oder in deine

Badewanne. Nimm dir für die Aufstellung deiner Tagtraumwünsche soviel Zeit wie möglich. Laß dich nicht von deinem
Alltag zur Eile drängen. Wenn du nicht aufhören kannst,
immer mit der Uhr zu leben, dann stell einen Wecker, der
einige Minuten vor dem Ende der zur Verfügung stehenden
Zeit läutet. Laß bei der Themenauswahl keinen Erfolgs-
zwang aufkommen. Du trittst mit nichts und mit niemandem in irgendeinen Wettbewerb. Du machst das alles nur
für dich. Um manchen Themen auf den Grund zu gehen,
brauchst du mehrere Tage. Mach dir also keinen Streß.

Bewerte deine Tagtraumwünsche

Wenn dir keine neuen Punkte mehr für deine beiden
Listen einfallen, dann kannst du mit der Auswertung
beginnen.

• Weiterarbeiten wirst du allein mit der Positivliste (+). Die
Negativliste (–) dient lediglich dem Vergleich mit der Positivliste. Hierzu streiche bitte diejenigen Punkte weg, die auf
beiden Listen stehen. Ihre Aufführung sowohl auf der Positivliste als auch auf der Negativliste macht sie für die Bewertung deiner Tagtraumwünsche unbrauchbar.

• Als nächstes formst du die auf der Negativliste verbliebenen Punkte in ihr Gegenteil um. Aus »Streß bei der Arbeit«
wird so beispielsweise »Freude am Erfolg«, aus »die un-
sympathische Kollegin« wird »meine liebenswerte Bekannte« und aus dem »grauen naßkalten Wetter« wird
»blauer Himmel, Sonnenschein und nach Frühling duftende Luft«. Dreh deine negativen Stichpunkte einfach um.
Betrachte ihre Kehrseite. Beachte, daß du es bist, der bestimmt, was das Gegenteil deiner negativen Gefühle, deiner
Befürchtungen, deiner Sorgen und Ängste ist. Richte dich
hierbei nicht nach der Meinung deiner Umwelt, such nicht
in Büchern. Und wenn du der Meinung bist, daß »blau«

das Gegenteil von »schwarz« ist, dann hast du im Reich deiner Tagträume recht. Auf diese Weise wandelst du alle Punkte deiner Negativliste in Positiva um. Übertrag sie auf deine Positivliste. Dann solltest du die Negativliste vernichten! Von den Punkten, die jetzt doppelt oder mehrfach auf deiner Positivliste stehen, streich die jeweils weiter unten stehenden wieder weg.

• Du hast nun eine Liste mit Stichpunkten vor dir, die eine Reihe von Dingen, Personen oder Zuständen bezeichnen, die du dir wünschst oder mit denen du eine positive Empfindung verbindest. Als nächstes forme alle Stichpunkte in Situationsbeschreibungen um. Du solltest also nicht den Punkt »Urlaub« stehenlassen, sondern du mußt ihn in eine konkrete Situation verpacken. »Urlaub in der Karibik, um eine Woche zu baden und zu entspannen« ist beispielsweise die Beschreibung einer konkreten Situation. Verwandle so alle nackten Stichpunkte in Situationsbeschreibungen.

Tagträume sind der große Vermittler zwischen dem reichen Urgrund deiner Wünsche, Ideen und Hoffnungen in deiner inneren Welt und deinen Zielen und Plänen in deiner Alltagswelt. Achte daher darauf, daß ein Tagtraum dir nicht nur das Thema für Ziele und Pläne schenkt, sondern dir auch gleich die Motivation mitliefert.

Für einen Schüler ist beispielsweise das Vorhaben »Für gute Schulnoten lernen, um einen attraktiven Beruf ausüben zu können« ein geeignetes Thema für Tagträume, denn die im Tagtraum erlebte Vorfreude auf einen attraktiven Beruf wird die Kraft zum Lernen liefern. Ebenso ist der Wunsch »Mir das Rauchen abgewöhnen« ein gutes Thema für Tagträume, denn die im Tagtraum erlebte Vorfreude auf die größere körperliche Fitneß oder eine höhere erotische Attraktivität gibt dem Tagträumer Kraft, um der Zigarette zu entsagen. Mit luzidem Träumen läßt sich neues Verhalten in der Alltagswelt – hier das Abgewöhnen des Rauchens – perfekt vorbereiten.

- Auf deiner Positivliste sollte nun eine Reihe von Wunschsi-
  tuationen stehen, die du gerne erleben möchtest, die du
  aber so in deinem jetzigen Alltag nicht erleben kannst oder
  nicht erleben darfst: einen erfüllenden Beruf ausüben, absolut gesund sein, eine Reise um die Welt antreten, im sonni-
  gen Süden ein Hotel eröffnen ...

Mir hat es bei der Ausformulierung meiner Positivliste sehr
geholfen, die einzelnen Stichpunkte als bereits erreichte Ziele
abzufassen: »Ich habe mein Abitur mit sehr gut bestanden.«
»Ich arbeite selbständig in einer eigenen Praxis.« Wenn du das
Gefühl hast, daß dich deine Wünsche überfordern, dann versuch ruhig einmal so *zu tun*, als ob sie bereits realisiert wären.

- Jetzt liest du deine Wunschliste durch. Welcher Punkt ge-
  fällt dir besonders gut? Gibt es Gemeinsamkeiten zwischen
  den Begriffen? Stell Begriffsgruppen und Zuordnungen her.
  Sortier die Punkte deiner Positivliste nach Wichtigkeit und
  Dringlichkeit. Du hast nun ein grobes Raster von positiven
  Situationen vor dir, die sich als Themen für erfüllende Tagträume eignen. Lies sie noch einmal durch. Falls du das Gefühl hast, daß sie deine Wünsche nicht exakt wiedergeben,
  dann warst du möglicherweise ganz zu Beginn bei der Auflistung deiner Wünsche nicht offen und ehrlich genug. Bitte
  wiederhol dann den ganzen Vorgang deiner Wunschfindung noch einmal.

Hast du einen geheimsten Wunsch?

Viele Menschen haben einen geheimsten Wunsch, von dem sie
glauben, daß er sich in der Realität ihres Alltagslebens nie verwirklichen lassen würde und über den sie mit niemandem
sprechen möchten. Oft ist er derart tief und geheim, daß er auf
der Positivliste gar nicht als Wunsch erscheint.

Hast du auch so einen tiefsten Wunsch, den du niemals einem anderen Menschen erzählen würdest? Wenn ja, dann setz ihn jetzt *ganz oben* auf deine Liste!

Zunächst kommt dieser Wunsch ja nur in die private Welt deiner Tagträume. Und die ist absolut sicher! In ihr kannst du dich frei fühlen. Hier erwartet dich warme Geborgenheit. In deinen Tagträumen kannst du wirklich all das tun, was du tun willst. Im Tagtraum gibt es keine ausweglosen Situationen. Nur in deiner Tagtraumwelt kann das zarte Pflänzchen deines geheimsten Wunsches zu einer kräftigen Pflanze heranwachsen.

Es spielt keine Rolle, wenn dein geheimster Wunsch zunächst der harten Realität deines Lebensalltags widerspricht. Es spielt nicht einmal eine Rolle, wenn er den anderen Wünschen auf deiner Liste widerspricht. Du kannst dir so viele Tagtraumszenarien erschaffen, wie du möchtest. So wenig, wie es die einzelnen Romanfiguren stört, wenn die Bücher, in denen sie geschrieben stehen, nebeneinander im Bücherregal liegen, so wenig stören deine einzelnen Tagtraumszenarien einander.

Deine Liste an Wünschen enthält nun eine Handvoll recht präzise formulierter Phantasiesituationen. Merk sie dir gut. Am besten du lernst die auswendig. Aus diesen Situationen wirst du später deine Tagtraumhandlungen aufbauen. Sie stellen das Gerüst dar, aus dem du konkrete Geschichten voller Leben, Licht, Farben, Tönen formen wirst.

Halte deine Tagträume möglichst geheim

Viele deiner Wünsche sind mit einem empfindlichen Pflänzchen vergleichbar, das erst im Treibhaus deiner Tagträume wachsen muß, bevor es in der Realität deines Alltags bestehen kann. Tagträume sind nicht nur urprivate, sondern auch sehr zarte Gebilde. Laß sie dir nicht durch Kritik verderben oder psychoanalytisch zerpflücken. Sie verlieren sonst mit ihrer Privatheit auch ihre ursprüngliche Kraft für dich.

Abgesehen von der tiefen Privatheit deiner persönlichen Tagträume, die ein Weitererzählen von sich aus fraglich macht, gibt es gerade auf dem Gebiet der Bewertung menschlicher Wünsche durch andere große Probleme. Deine Tagtraumerlebnisse könnten möglicherweise als reine Phantasiegespinste abgetan werden, als unmoralisch, kriminell usw. Und im Rahmen psychotherapeutischer Überlegungen würde man sie als ein Abbild deiner verdrängten Wünsche, deiner Schwächen und deiner Komplexe deuten. Keine Gültigkeit hätten sie als Abbild der Großartigkeit deines Selbst. Die innere Quelle deiner Kraft wäre so nicht freizulegen.

Wenn du von deinen Tagträumen sprichst, deinen Tagtraumausflug zu den magischen Stätten der alten Kelten schilderst oder beschreibst, wie schön es auf deiner tropischen Insel des Glücks war, dann geht das nur in Form einer Sprache. Sprache jedoch übermittelt nicht nur Informationen. Allein dadurch, daß du deine Tagträume in eine sprachliche Form gießt, entprivatisierst du sie. Allein aufgrund der Verwendung einer Sprache geht ein großer Teil des gemeinten Sinns verloren, d. h., du kannst die subjektiven Erlebnisse deiner Tagträume durch die Verwendung einer Sprache gar nicht so beschreiben, daß deine Mitmenschen ihren Sinn genau so verstehen, wie du ihn gemeint hast. Doch dieses grundsätzliche Problem der Verständigung sollte uns nicht davon abhalten, zu kommunizieren. Mein Rat: Mach deine Tagträume nicht öffentlich!, bezieht sich daher nicht auf alle Personen. Mit Menschen, die dir nahestehen, dich verstehen und denen du vertraust, kannst du natürlich über die Erlebnisse in deiner Tagtraumwelt sprechen.

Erzähl von deinen Tagträumen nur Menschen, denen du vertrauen kannst. Wem du persönliche Dinge erzählen würdest, mit dem kannst du auch über deine Tagtraumerlebnisse reden. Eine Person des Vertrauens zu haben, mit der du dich über deine Tagträume austauschen kannst, ist dann von Vorteil, wenn du dich in deinen Tagträumen aufwühlenden Inhalten gegenübersiehst oder dich gerade psychisch labil fühlst.

Bei jeder Informationsübermittlung geht ein Teil des privat Gemeinten verloren. Zwar kannst du über einen Tagtraum an deinem Lieblingsstrand berichten, den weißen leichten Korallensand beschreiben und vom blauen Meer, der milden Luft und den hohen Palmen erzählen. Dein Gesprächspartner wird jedoch niemals die Szene so erleben, wie du sie erlebt hast. Was er erlebt, ist eine Kombination *seiner* Vorstellungen »blaues Meer«, »milde Luft«, »weißer Sand« und »hohe Palmen« vor dem Hintergrund *seines* persönlichen Wissensvorrates. Wie er diese Bilder in seinem Erleben ausgestaltet und kombiniert, hängt von den Inhalten seiner Lebenserfahrungen ab.

Andere Menschen bewerten Dinge und Situationen anhand ihrer eigenen Erfahrungen, und die decken sich garantiert nicht mit deinen. Man würde möglicherweise über dich lachen, deinen Tagtraum für komisch halten, und das könnte dein ganzes Tagtraumprojekt zum Scheitern bringen. Ein berauschender Tagtraum kann für dich durchaus in sich stimmig und erfüllend sein. Sobald du diesen Tagtraum jedoch jemandem erzählst, der keinen »guten Draht« zu dir hat, machst du dich möglicherweise gerade deshalb lächerlich, weil die im Tagtraumzusammenhang ursprünglich in sich stimmige Handlung plötzlich im Rahmen der öffentlichen Erzählung albern, kindisch, töricht oder ganz einfach »verrückt« klingt. Und wenn du später auf dem Sofa liegst oder entspannt im Sessel sitzt und dir in Wirklichkeit den tropischen Wind über die Haut streichen läßt und dem beruhigenden Geräusch der Brandung lauschst, kann es deine Konzentrationsfähigkeit enorm stören, wenn du weißt, daß andere Personen wissen, was du gerade tust. Wenn du nur den geringsten Anhaltspunkt dafür hast, daß andere Menschen deine innigsten und tiefsten Wünsche lächerlich oder gar lachhaft finden könnten, dann behalte sie tunlichst für dich! Erleb sie zunächst in deinen realistisch-klaren Tagträumen. Überleg dir also gut, ob du jemandem den Inhalt deiner Tagträume mitteilen willst, seien es nun Laien oder Experten auf dem Gebiet der Psychologie.

Wenn du nur tagträumst, um dich zu unterhalten, dann reichen deine Tagraumerlebnisse ohnehin nicht in die Welt deiner Mitmenschen hinein. In diesem Fall brauchst du weder bei ihrem Aufbau noch bei ihrem Ablauf auf andere Menschen Rücksicht zu nehmen. Schweig also – und sei glücklich. Auch wenn du mit deinen Tagträumen Hilfe und Unterstützung für Ziele deines Lebensalltags suchst, erzähl deine Tagträume nicht jedem Menschen. Laß sie dir nicht von zerstörerischer Kritik verderben oder von scheinbar wohlmeinenden Experten zu Tode pflegen. Mit der Zeit wirst du lernen, wem du von deinen Tagträumen erzählen kannst.

Jeder Tagtraum keimt aus einem Wunsch. Meist wird aus diesem Wunsch ein Ziel, ein Handlungsplan, eine konkrete Handlung in der Alltagswelt und schließlich ein Handlungsergebnis, das in der Alltagswelt auch für andere Menschen sichtbar ist. Schütz deine Wünsche – solange sie klein und zart sind – vor der zerstörenden Kritik deiner Lebenswelt. Laß sie in der Geborgenheit deiner Tagträume wachsen. Selbst wenn dein Tagtraumthema bereits von Anfang an auf Handlungen in deiner Alltagswelt gerichtet ist, beispielsweise als Veränderung deiner Alltagsroutine, Stärkung deiner Gesundheit, als langfristige lebensstrategische Überlegungen, braucht es zunächst die Ungestörtheit deiner urprivaten Tagtraumwelt, um für die Stürme der Alltagswelt gewappnet zu sein.

3

Zeitliche und räumliche Bedingungen für deine Tagträume

Der zeitliche Aufbau deines Alltags

Sicher kennst du folgende Situation aus dem »Hamsterrad-ablauf« deines Alltags: Bereits beim Frühstück am Morgen des neuen Tages nimmst du dir vor, daß heute ein ganz besonderer Tag werden soll: Von heute an willst du dir etwas mehr Zeit für dich nehmen. Ein duftend warmes Bad soll es sein, und ein spannendes Buch willst du lesen. Eine oder zwei Stunden willst du dir von nun an jeden Abend nur für dich reservieren.

Du freust dich auf diesen Abend – und damit die Freude vollkommen wird, willst du alle Routinearbeiten bis dahin erledigt haben. Also startest du mit denjenigen, die den gerade begonnenen Tag zu deinem ganz normalen Lebenstag machen: Morgentoilette, arbeiten, einkaufen, eine oder zwei Mahlzeiten zwischendurch. Wieder zu Hause, treten andere Routinetätigkeiten in den Vordergrund. All das, was den Abend zu einem ganz normalen Abend deines Alltagslebens macht, will jetzt erledigt werden: Abendbrot, Nachrichten im Fernsehen anschauen, die Küche aufräumen, Putzarbeiten und – mein Gott! – die Arbeit, die du dir vom Büro mit nach Hause genommen hast.

Und die beiden schönen Stunden? Das Buch und das duftende Bad? Naja, du hast ja noch den morgigen Tag! Oder übermorgen? ... Glaub mir: Egal was du dir vornimmst, alle geplanten Vorhaben, die du neu in deinen Tagesablauf einfügen möchtest, stehen zunächst in Konkurrenz zu bereits bestehenden Verhaltensweisen – nämlich zu denen, mit denen du gewohnheitsmäßig den betreffenden Zeitabschnitt füllst.

Unser Tagesablauf ist gewöhnlich zeitlich eng strukturiert. Im allgemeinen treten keine wirklich freien Zeiten auf. Zeitabschnitte ohne Inhalt empfinden wir als öde und langweilig. Zuweilen machen sie uns auch Angst. Erinnere dich einmal an das Gefühl, als eine deiner Routinetätigkeiten unterbrochen wurde oder als dein Fernseher defekt war oder als eine Grippe dich zwang, eine Woche im Bett zu verbringen ...

Jedes neue, zeitfordernde Geschehen in deinem Leben wird sich daher erst einmal gegen die bereits bestehende Routine durchsetzen müssen. Es erfordert ein hohes Maß an Planungsaufwand und einen kompromißlosen Willen, wenn es darum geht, neue Tätigkeiten in deinem Tages- und Lebensplan zu verankern. Willst du ein neues Element in deinen Tagesablauf einbauen, dann mußt du zunächst mit Energie eine alte Gewohnheit von ihrem Platz verbannen.

Auch die Exkursion in das Land deiner Tagträume erfordert Zeit. Zeit, die du dir zunächst schaffen mußt. Wenn du dich in dein Bett oder auf dein Sofa legst, die Augen schließt, dich entspannst, die Reise in dein Tagtraumland einleitest, um dich dann im Schatten grüner Palmen auf weißem Korallensand zu erleben, vergeht Zeit. Und mit jedem Schritt, den du am Strand entlanggehst, die vom Donner der Brandung erfüllte Luft atmest und das flirrende Licht aus den sich im Wind bewegenden Palmkronen verfolgst, vergeht nicht nur in der Tagtraumwelt deiner Tropeninsel Zeit, sondern auch in der Alltagswelt deines Körpers. Diese Zeit mußt du dir in deinem Lebensplan erst einmal reservieren.

Finde Zeit für deine Tagträume

Dein Tagesablauf ist eindeutig zeitlich strukturiert. Er besteht aus einer Aneinanderreihung von verschieden langen Perioden, in denen du erlebst und handelst. Diese Perioden werden von Problemkreisen und Interessenzusammenhängen verbunden, die du als sinnhaft empfindest, denn sie drücken in deinem Erleben immer irgendeine Bedeutung aus. So stehst du am Morgen auf, um rechtzeitig zur Arbeit zu kommen, und du frühstückst, um gestärkt für die Arbeit zu sein. Zur Arbeit gehst du, um Geld zu verdienen, vielleicht auch, weil sie dir Spaß macht und du dich bereits auf deinen Urlaub freust. Du kannst aber nur in Urlaub fahren, wenn du genug Geld verdient hast, um ihn dir leisten zu können. Wie der amerikanische Soziologe Thomas Luckmann[1] betont, besteht Sinnhaftigkeit immer in einer Beziehung zwischen vielen unterschiedlichen Erlebnissen. In meinem Buch *Die wesenszentrale Perspektive*[2] habe ich diese Zusammenhänge ausführlich beschrieben.

Wie passen in diesen Gesamtzusammenhang an Sinnhaftigkeit deine Reisen in deine Tagtraumwelt? Erscheinen sie dir sinnvoll? Wenn du nicht mit einem klaren »Ja« antworten kannst, dann geh im Geiste noch einmal die Aufstellung deiner Tagtraumwünsche durch. Wenn du jedoch eine Reise zu den Inseln des Glücks für sinnvoll hältst, dann mußt du auch entsprechend Zeit für sie einplanen.

Am wenigsten verplant ist für die meisten Menschen die Zeit vor dem Schlafengehen. Wenn du abends auf deine Tagtraumreise gehen willst, dann solltest du zunächst eine Stunde für deine Tagtraumübungen einplanen. Eine andere gute Zeit

---

[1] Luckmann, T. (1992). *Theorie des sozialen Handelns*. Berlin, New York, de Gruyter.
[2] Riedl, R. (1998). *Die wesenszentrale Perspektive*. Essen, Die Blaue Eule.

für Tagtraumerlebnisse ist die Mittagspause und die erste Stunde früh am Morgen nach dem Aufwachen. Je nach Arbeitsbelastung, Arbeitsrhythmus, der Strenge oder Anspannung deines Tagesplans und der Anwesenheit von Menschen in deiner Nähe, kannst du auch andere Tageszeiten für deine Tagtraumerlebnisse finden.

Nun mußt du nur noch an *diesen* Stellen deines Tagesplans Platz schaffen für deine Reise in die Tagtraumwelt. Dazu kannst du der bereits bestehenden Routine entweder einen anderen Ort in deinem Tagesplan zuweisen (z. B. Duschen, Haare waschen und Zähne putzen eine Stunde früher) oder sie ganz aus deinem Tagesplan streichen (z. B. von 22 Uhr bis 23 Uhr nicht mehr fernsehen).

Für kurze Tagtraumreisen ist jedoch fast immer und überall Zeit und Gelegenheit: während der Fahrt mit dem Bus, für einige Minuten auf dem Bürostuhl, ja selbst im Wartezimmer des Arztes. Wirklich ausgiebige Tagtraumreisen wirst du jedoch nur durchführen können, wenn du für eine oder mehrere Stunden ungestört bist. Das sind gewöhnlich die Zeiten außerhalb deines normalen Tagesablaufs.

Auf keinen Fall aber solltest du deine reguläre Schlafenszeit beschneiden. Besonders in deinem jetzigen Stadium als Anfänger würde jeder Versuch, deine Tagtraumerlebniszeiten in deine normale Nachtruhezeit auszudehnen, mit dem Einschlafen enden.

Neben diesen festen Zeitabschnitten, die du immer an der gleichen Stelle deines Tagesplans für deine Exkursionen in das Land der Phantasie reservierst, kannst du natürlich auch noch zu variablen Zeiten Kurzreisen in dein Land der Phantasie einleiten oder diese Zeiten für das Einüben von Tagtraumfähigkeiten nutzen. Beispielsweise kannst du während deiner Arbeitspausen üben, wie man sich schnell entspannen kann oder wie man bestimmte kurze Erlebenssequenzen aufbaut, etwa das Gefühl des heißen Sandes und der kühlenden Wellen, oder wie man als Engel bestimmte Flugmanöver durchführt.

Nimm dir also Zeit für deine Tagträume. Weis ihnen einen festen Platz in deinem Tages- und Lebensplan zu. Denk nicht, wenn du jetzt keine Zeit für dich hast, daß sich das irgendwann einmal ändern wird. Nach dem Studium vielleicht? Oder wenn die Kinder groß sind? Wenn du in Rente bist? Es ist ein großer Irrtum zu glauben, daß sich mit neuen Lebensabschnitten automatisch dein Pensum an freier Zeit erhöhen wird. Wirklich freie Zeit kommt nicht von selbst. Du mußt dir schon Zeiten für deine Tagträume vornehmen und diese fest in deinen Lebensalltag einplanen.

Auch ich hatte anfangs damit meine Probleme. Was mir half, war die Aufstellung eines Wochenplans, in dem ich alle meine Tätigkeiten auflistete. Probier es doch auch einmal mit einem Stundenplan. Schreib auf, wieviel Zeit du an jedem Wochentag für deine Tätigkeiten mindestens und höchstens benötigst. Du wirst dich wundern, was da noch alles an freier Zeit zur Verfügung steht!

Sich *Auszeiten* schaffen

Nachdem du für deine Tagtraumexkursionen einen festen Platz in deinem Zeitplan vorgesehen und alle früher in dieser Zeiteinheit gelegenen Routinetätigkeiten entweder beendet oder in andere Zeitbereiche deines Tagesablaufs verlegt hast, kannst du darangehen, deine Tagtraumzeiten mit Inhalt zu füllen. Zuvor jedoch solltest du sicherstellen, daß du keine Alltagssorgen mit in das Land deiner Phantasie nimmst, denn sie würden dich von deinen Tagträumen ablenken. Löse dich also von den Problemen, Verpflichtungen, Vorhaben und Routinetätigkeiten deiner Alltagswelt mitsamt all den Sorgen, die du hast, all den Gefühlen, Ängsten, Bedenken, dem Leid, der Enge und Aussichtslosigkeit. Während deiner Tagtraumzeit darf dein gewohntes Leben für dich keine Rolle mehr spielen. Die Sorgen deines Alltags sind für die Zeit deines Besuchs

im Land deiner Wünsche nur dann von Bedeutung, wenn du
sie bewußt thematisierst, z. B., weil du nach der Antwort auf
eine Frage suchst.

Mit dem Loslösen von deinen alltäglichen Sorgen und
Problemen befindest du dich außerhalb der Zeit deines
gewohnten Lebens. Darum nenne ich die Episode deiner
Tagtraumzeit auch *Auszeit*. Die Auszeit beginnt, nachdem du den »heiligen« Boden deines Tagtraumortes betreten hast und bevor du mit dem eigentlichen Tagtraum
beginnst. Sie endet nach dem Abschluß deines Tagtraums
und bevor du deinen Tagtraumort wieder verläßt.

Auszeiten weisen im Unterschied zu deinem Lebensalltag einige Besonderheiten auf. Sobald du dich innerhalb ihrer Grenzen befindest, sind alle Beschränkungen deiner Alltagswelt für
dich aufgehoben. Du bist vollkommen frei von allen Regeln
und Gesetzen, und du darfst und kannst alles tun und lassen,
was auch immer dir in den Sinn kommt. Während der Auszeiten darf deine innere Quelle der Kraft und Phantasie frei von
jeglicher Beschränkung reichhaltig sprudeln. Auszeiten zen-
trieren dein Erleben auf deine Tagtraumwelt. Durch das Aus-
grenzen deines Alltags überschreitest du die Grenze zwischen
Alltags- und Tagtraumwelt und hinter dieser Grenze beginnt
bereits dein Paradies.

Während deiner Auszeit befindest du dich an deinem Tagtraumort. Du nimmst die Stellung ein, in der du deine Tagtraumreisen genießen willst. Meist wirst du liegen, manchmal
vielleicht auch aufrecht sitzen oder es dir mit verschränkten
Beinen und abgestütztem Oberkörper in einem Sessel bequem
machen. Auf alle Fälle sollte die Stellung oder Lage deines
Körpers so bequem sein, daß du ein bis zwei Stunden verwei-

len kannst, ohne von unangenehmen Gefühlen gestört zu werden. Also paß auf, daß die Blutzufuhr deiner Gliedmaßen nicht unterbrochen wird oder du wegen des krampfhaften Versuchs, dich nicht zu bewegen, einen Krampf bekommst. Deine Kleidung sollte der Raumtemperatur angepaßt sein, so daß du weder schwitzt noch frierst. Selbstverständlich kannst du während der Tagtraumübungen die Stellung deines Körpers bedenkenlos verändern – während einer Schlaftraumphase bewegt sich die schlafende Person schließlich auch. Du nimmst *dann* die ideale Lage ein, wenn du an deinem Körper nichts mehr als störend wahrnimmst.

* * *

Beim Tagträumen steht das pure Erleben (von Phantasien) am Anfang der Praxis. Erst dann kommt die Steigerung seiner Deutlichkeit. Es ist das Besondere an der Methode unserer Reisen in die Welt der Tagträume, daß wir unsere Fähigkeit zu realistisch-klarem Tagtraumerleben von Anfang an als gegeben betrachten. Du mußt deine Tagtraumhandlungen nicht mühselig einüben. Nimm dir vor: »Ich kann es!« Zwar werden deine Empfindungen zunächst sehr schwach und undeutlich sein, aber sie sind da! Und mit der Erfahrung wird auch die Klarheit deiner Tagtraumphantasien zunehmen. Wir sind von Anfang an in der Lage, die Tagtraumhandlung zu planen, uns in unserer Tagtraumwelt zu bewegen und vieles mehr. So wie eine Person, die zum erstenmal am Lenkrad eines Autos sitzt, das Auto starten kann, weil sie ganz einfach physisch dazu in der Lage ist, können wir von Anfang an tagträumen, weil wir psychisch dazu in der Lage sind. Und genauso, wie die Person ihre bereits vorhandenen Fähigkeiten, ein Auto zu lenken, in der Fahrschule vervollkommnet, so veredelst und kultivierst du in diesem Kurs deine Fähigkeiten tagzuträumen.

Probier es ruhig einmal aus: Begib dich an deinen Tagtraumort, setz oder leg dich bequem hin und schaff dir deine Auszeit: Verbann all deine Alltagssorgen und Probleme vor die
Tür. *Dann stell dir vor, daß du dich an einem tropischen
Strand befindest. Sieh dich um, betrachte die Vielfalt der
Grüntöne der tropischen Vegetation vor dir, setz deine Füße in
den weißen Sand – Vorsicht, da liegt eine große Muschel-
schale! – und geh ein paar Schritte in Richtung Strand. Jetzt
achte auf das regelmäßige Donnern der Wellen. Atme tief ein,
und schmeck den intensiven Geruch nach Meer. Fühl die wär-
mende Sonne auf deiner Haut und die tiefe Zufriedenheit in
deiner Brust. Atme tief durch. Du kannst es!*
Nun versuch von deiner Insel des Glücks aus deinen Körper
zu sehen. Kehre zu ihm zurück. Fühlst du dich wieder *in* ihm?
Öffne die Augen. Reck und streck dich. Beende deine Auszeit,
und fühl dich wieder in deiner Alltagswelt.

Auszeiten sind das zeitliche Gefäß für deine Tagträume. Egal,
ob dir zwei Stunden oder zwei Minuten für deine Tagträume
zur Verfügung stehen, schick vor deiner Tagtraumreise immer
deine Sorgen vor die Tür. Auszeiten sind störungsfreie Zonen.
Versuch jegliche Störung abzuwehren. Stell dein Telefon ab.
Besprich deinen Anrufbeantworter neu. Bitte deine Familien-
mitglieder und Freunde, dich nicht zu stören. Häng ein Schild
mit der Aufschrift »Bitte nicht stören!« an die Tür (siehe dazu
auch »Wie du Störungen durch die Außenwelt verhinderst«,
S. 66).

Die Rituale für Anfang und Ende deiner Tagträume und ihre Bedeutung als Anker

Um den Beginn und das Ende deiner Auszeit deutlich von
deinem übrigen Alltag abzugrenzen, solltest du kurze rituelle
Handlungen planen, die routinemäßig den Übergang einleiten

von deiner Alltagswelt in deine Tagtraumwelt und am Ende
des Tagtraumes von deiner Tagtraumwelt in deine Alltagswelt.
Durch eine solche Abgrenzung zum Alltag verleihen wir unseren Auszeiten eine konkrete zeitliche Spannweite – ähnlich
dem Öffnen und Schließen der Zimmertür, wenn wir ein Zimmer betreten, uns einige Zeit darin aufhalten und es dann wieder verlassen.

Unter Ritualen verstehen wir körperliche und gedachte Hand-
lungsabläufe, die für den Ausübenden eine ganz bestimmte Bedeutung haben, d. h., ein Ritual besteht aus einer festgelegten
Folge von Handeln oder Denken (oder beidem), das mit einer
ganz bestimmten Erlebensstruktur verbunden wird. Für die
das Ritual vollziehende Person leitet es ein neues Erleben ein,
in der Form, daß Sinneserleben ritualspezifisch eingefärbt
wird. In der Praxis schaffen wir eine Beziehung zwischen unserem Ritual und unserer Erlebenswelt durch eine schlichte
Festlegung (z. B. wenn ich kurz meine Hände falte, beginnt für
mich die Auszeit). Durch seine regelmäßige Anwendung gewinnt das Ritual an Wirkung.

Das Ritual für den Übergang aus deiner Alltagswelt in
die Tagtraumwelt nenne ich das *Auszeiteingangsritual*,
weil es den Eingang in die Zeit außerhalb deines gewohnten Lebens kennzeichnet. Entsprechend heißt das
Ritual zwischen Tagtraum- und Alltagswelt *Auszeitenderitual*, weil es das Ende der Auszeit ausdrückt. Mit
deinem Auszeitenderitual begibst du dich wieder in
deine Alltagswelt.

Es gibt zwei Formen von Ritualen: solche, die nur in Gedanken durchgeführt werden, und solche, die auf körperlicher
Ebene ablaufen. Für den Beginn und das Ende deiner Auszeit

eignen sich körperlich durchführbare Rituale (z. B. zweimaliges Klatschen in die Hände, dreimal mit dem rechten Fuß kreisen, kurzes Falten der Hände). Für die Markierung der (später beschriebenen) absoluten Leere benötigst du auch Rituale auf geistiger Ebene.

In der konkreten Situation deiner Auszeit kann dein Ritual darin bestehen, daß du eine bestimmte Geste vollführst, einen Ton von dir gibst oder dir etwas vorstellst. Ich selbst beginne meine Auszeiten, indem ich kurz meine Hände falte. Welche Rituale sich für dich am besten eignen, kannst du durch Ausprobieren herausfinden. Laß deiner Phantasie freien Lauf.

Dein Auszeiteingangsritual ist der erste Schritt in deine Tagtraumwelt. Du überschreitest die erste Schwelle in das Land des Glücks, der tiefen Ruhe, der phantasievollen Motivation und der Quelle deiner Kraft. Ebenso wie du den Auszeiteingang mit einem bestimmten Handlungssymbol markierst, solltest du auch das Ende deiner Auszeiten mit einem Ritual sichern, dem Auszeitenderitual. Auch hier genügt eine bestimmte Geste, ein Laut oder eine Vorstellung. Beispielsweise kannst du dir den Klang eines Gongs vorstellen und dich dann strecken und tief durchatmen. Ich beende meine Auszeit, indem ich meine Handflächen gegeneinander reibe.

∗ ∗ ∗

Aufgrund ihrer Funktion zur Kennzeichnung besonders wichtiger Übergänge im Verlauf unserer Tagtraumübungen können wir Rituale auch als *Anker* bezeichnen. Das Prinzip des Ankers beschreibt die Möglichkeit, durch Lernen (und Üben) bestimmte psychologische Zustände mit bestimmten Gedanken und Körperbewegungen zu verbinden. Durch Denken des Gedankens oder Ausführen der Körperbewegung läßt sich der gelernte psychologische Zustand jederzeit wieder hervorrufen.

Durch den Bezug des Rituals auf Auszeiteingang und Auszeitende erfolgt eine Markierung der Übergänge: zunächst von
der Alltagswelt in die Tagtraumwelt und nach Abschluß der
Tagtraumhandlung von der Tagtraumwelt in die Alltagswelt.
Im Laufe unseres Tagtraumkurses wirst du Ritualen noch
an verschiedenen Stellen begegnen. Ihre prominentesten Plätze
sind Anfang und Ende der Auszeit, und später auch die Zeitspanne der absoluten Leere. Damit erfüllen Rituale in unserem
Verständnis eine wichtige Ordnungsfunktion: Sie strukturieren die Zeit des Tagtraums (ähnlich den Klammern in einer
Rechenaufgabe, die den Lösungsweg strukturieren, oder den
Membranen von Zellen, die eine klare Trennung zwischen
Zellinnen und Zellaußen sicherstellen).

Für Jennifer Louden, die erfolgreiche amerikanische Autorin zahlreicher Wohlfühlbücher, stellen Rituale symbolische
Handlungen dar, mit deren Hilfe wir uns aus unserem Alltag
zurückziehen können:

> Im Idealfall entspringen alle rituellen Handlungen unserem
> Herzen, d. h. dem zutiefst empfundenen und klar ausge-
> drückten Wunsch, etwas zu verändern. Die entscheidenden
> Elemente eines Rituals sind daher: die Bereitschaft loszulas-
> sen und das Vertrauen, daß du den für dich besten Weg fin-
> den wirst; das Zur-Ruhe-Bringen des inneren Kritikers und
> ein klar formuliertes Vorhaben. ... Das bedeutet aber nicht,
> daß du gleich ein persönliches Feuerwerk entfachen mußt.
> Je einfacher, um so besser.[3]

Dein Ritual muß zur Routine werden. Wenn du es durchführst,
verbindest du dich mit den Erfahrungen, die du den Ritualen
zugeordnet hast. Vollzieh deine Rituale immer bewußt, auch
wenn sie dir bereits zur Gewohnheit geworden sind. Rituale
sind Grenzsteine zwischen den Hier-und-Jetzt-Zuständen

---

[3] Louden, J. (1996). *Tu dir gut!* Freiburg, Hermann Bauer.

unterschiedlicher thematischer Ausrichtung. In unserem Fall grenzen sie die Alltagswelt von der Tagtraumwelt ab.

Führ deine Rituale einfach durch. Besonders wichtig, aber in der Praxis oft vernachlässigt oder schlicht vergessen, ist das Auszeitenderitual. Achte immer darauf, daß du deine Tagträume bewußt abschließt.

Orte, an denen du dich wohl fühlen und entspannen kannst

Je nach Tiefe und Zweck deiner Tagträume spielt der Ort, an dem sie stattfinden, eine wichtige Rolle. Oberflächliche Tagträume (beispielsweise das erwartungsvolle Planen deines nächsten Urlaubs) werden von der Alltagsumwelt kaum gestört. Du kannst sie auf dem Weg zur Arbeit durchführen, bei einem Spaziergang oder bei einer Tasse Tee. Die nebenbei durchführbaren Tagträume (beispielsweise das tagträumende Durchleben einer Tropennacht bei Kerzenschein in der heimischen Badewanne) beziehen die Alltagsumwelt sogar aktiv in die Tagtraumhandlung mit ein (das warme Bad steht für das milde Meerwasser der Südsee, die Kerze steht für die Sterne der klaren Tropennacht). Wenn du jedoch tiefe und erfüllende Tagträume erleben willst, dann solltest du dir einen Ort schaffen, an dem du ungestört und problemlos tagträumen kannst. Ein persönlicher Tagtraumort erhält die sensible Privatheit deiner Tagträume. Du brauchst anderen Menschen keine Rechenschaft über dein sonderbar verschlafenes Verhalten oder gar über deine teilnahmslose Anwesenheit abzulegen.

Wie sollte so ein *persönlicher Tagtraumort* aussehen?

• Als Tagtraumort eignet sich das eigene Zimmer, der Teil eines Zimmers, und, wenn nicht anders möglich, sogar nur ein Sofa oder gar ein Wohnwagen. Am idealsten wäre eine eigene kleine Wohnung. Wenn du allein lebst und nicht viel Besuch hast, dann kannst du aus deiner ganzen Wohnung einen Tagtraumwohlfühlort machen. Unabhängig davon, wie groß dein Tagtraumort ist, solltest du dich darin absolut wohl fühlen können. Wähl also nur solche Orte aus, an denen du dich geborgen fühlst und entspannen kannst.

• Statte deinen Tagtraumort mit Symbolen aus, die dir helfen, Tagträume zu bewirken. Das kann ein *Bild* an der Wand sein, das dich an deinen Lieblingsstrand erinnert. Vielleicht ist auch eine brennende *Kerze* für dich ein tagtraumerleichternder Aspekt. Auch *Bücher*, die sich mit deinem Lieblings-Tagtraumthema beschäftigen, eignen sich als Ausstattung.

• Die richtige Beschallung kann deinen Wohlfühlort zu einem wahren Vorgarten deines Tagtraums machen. Das passende *Klangbild* überzieht ihn mit einem Hauch von Zauber. So gibt es Tonträger mit Meeresrauschen, Wasserplätschern, Wind, Regen, Gewitter und Vogelstimmen. Laß im Hintergrund Musik spielen. Besorg dir einen Zimmerbrunnen.

• Verwende an deinem Tagtraumwohlfühlort *Farben*, die dich stimulieren. Welche Farben deinen Phantasien am besten entsprechen, ersiehst du aus deiner Tagtraum-Themenliste. Wenn es z. B. dein größter Wunsch ist, täglich eine halbe Stunde an einem weißen Strand im Schatten hoher Palmen von Lagune zu Lagune zu schlendern, dann solltest du deinen Tagtraumwohlfühlort in Grün- und Blautönen halten.

• *Bilder* mit Südseethemen können ein übriges tun. Nicht schlecht wäre auch ein großes Farbposter mit Palmen, Strand und Meer. In Baumärkten wird eine reichhaltige

Auswahl solcher Poster angeboten. Kleb es an die Wand in Form einer Tür. Hier gehst du hindurch, wenn du deine Tagtraumsüdseeinsel besuchst. Hör beim Einrichten und Ausschmücken deines Tagtraumorts auf deine innere Stimme.

• *Düfte* können dir ein weiteres Stück Tagtraumrealität schenken. Düfte entfalten eine tiefe Suggestionskraft. Zwar wirst du lernen, neben Seh-, Hör- und Tastempfindungen auch Geruchs- und Geschmacksempfindungen innerhalb deines Tagtraumerlebens künstlich hervorzurufen. Dennoch kann der spezifischen Geruch nach Meer, nach tropischem Regenwald oder nach einer Wiese im Frühling an deinem Tagtraumwohlfühlort den Übergang in deinen klaren Tagtraum angenehmer und fließender gestalten. Also überleg dir: Welche Düfte möchtest du gerne an deinem Tagtraumort riechen? Rose? Flieder? Pinie? Wald? Meer?

Für jeden Menschen gibt es Gegenstände, die besondere Gemütsbewegungen hervorrufen. Es ist erwiesen, daß die Anwesenheit solcher Gegenstände eine tiefe und beinahe schon heilige innere emotionale Haltung zum Ausdruck bringt. Umgib dich an deinem Tagtraumort mit Dingen, die einen Bezug zu deinem Tagtraumthema herstellen. Steck dir einen Platz auf dieser Welt ab, an dem du dich vollkommen wohl fühlen kannst. Dein Tagtraumort ist dazu da, dir den Übergang in deine Tagtraumwelt zu erleichtern. Begib dich an deinen Tagtraumort, leg dich hin, roll dich gemütlich zusammen, kuschle dich unter eine Decke und reis in dein persönliches Paradies.

Dein Tagtraumort soll für dich so etwas wie ein persönlicher Rückzugsort sein. Es ist ein Ort der Sicherheit. Ein Ort, an dem du dich vertrauensvoll langen Tagträumen hingeben kannst, ohne Störungen befürchten zu müssen. Statte deinen Tagtraumort daher auch mit *persönlichen Dingen* aus, die dich in einen entspannten privaten Zustand versetzen. Hänge beispielsweise die alte Mütze aus deiner Kinderzeit an die

Wand, leg auf das Tischchen dein Lieblingsbuch, und steck unter dein Kopfkissen den ersten Liebesbrief, den du erhalten hast. An deinem Tagtraumort solltest du dich körperlich und seelisch zu Hause fühlen können.

Dein Tagtraumort sollte für dich ein heiliger Ort sein. Wie kannst du ihn vor einer Entweihung durch andere Menschen schützen? Und wie kannst du verhindern, daß deine Freundin oder dein Freund mitten in deiner Tagtraumvorbereitung plötzlich hereinplatzen, um dir den neuesten Tratsch zu erzählen? (Siehe dazu auch das folgende Kapitel »Wie du Störungen durch die Außenwelt verhinderst«.) Wenn du deinen Tagtraumort nach außen abschotten willst und genug Platz in deiner Wohnung hast, dann richte dir ein eigenes Tagtraumzimmer ein. Oft reicht der Platz jedoch nur für die Ecke eines Zimmers, die du optisch von dem Rest des Zimmers trennst. Wenn du sehr wenig Platz zur Verfügung hast oder davon ausgehen mußt, daß dein Tagtraumort von anderen Menschen nicht respektiert wird, dann halte ihn geheim. Erklär dein Bett zu deinem Tagtraumort oder den alten Sessel auf dem Dachboden oder notfalls die Badewanne.

Du kannst dir auch mehrere Tagtraumorte einrichten: in deinem Auto, in einer Ecke im Garten, auf der Dachterrasse, unter der alten Eiche im Park, hinter der Düne am Strand, auf der Bank am Seeufer. Es gibt viele Möglichkeiten für Tagtraumorte in freier Natur. Aber auch Orte, die du nur einmal oder sehr selten in deinem Leben aufsuchst, kannst du kurzfristig zu deinem Tagtraumort erklären: das Hotelzimmer, in dem du nächste Woche übernachten wirst, den mit blauem Plüsch überzogenen Kinosessel, den Liegestuhl im Hallenbad. Wichtig für dich ist, daß du die Entscheidung triffst: »Dies ist jetzt mein Tagtraumort!«

Egal wo du deine Tagträume durchführst, schaff dir ein Gefühl des Friedens und der Geborgenheit. Experimentier ein bißchen mit folgenden Vorschlägen:

• Stell dir vor, wie ein Feld aus Lebenskraft deinen Tagtraumort umschließt und sämtliche negativen Einflüsse abhält.
• Lad deinen Tagtraumort mit Energie auf, und stell dir vor, daß diese Energie auf dich übergeht.
• Schmück deinen Tagtraumort mit Symbolen, die dir Kraft verleihen, z. B. christlichen Symbolen, keltischen Zeichen, Bildern von Menschen, mit denen dich ein Band der Freundschaft, Bewunderung, Liebe oder Kraft verbindet.
• Grenz deinen Tagtraumort ab (durch einen Vorhang, durch eine Bücherwand, durch einige Äste, eine Hecke, einen Wall aus Sand).

Dein Tagtraumort sollte nicht der einzige Ort sein, an dem du tagträumen kannst. Wähl neben deinem Haupttagtraumort bewußt noch weitere Plätze zum Tagträumen: die Rückbank deines Autos, die finstere Ecke auf dem Dachboden hinter Uromas Schrank, das Wochenendhaus deines Freundes am Meer, die geheimnisvolle Höhle im Wald.

Wie du Störungen durch die Außenwelt verhinderst

An sich ist die Einführung von Auszeiten und die Einrichtung eines Tagtraumortes eine sehr wichtige Hilfe, wenn es um den Aufbau tiefer ungestörter Tagträume geht. Doch was machst du, wenn andere nicht mitspielen? Wenn beispielsweise dein Nachbar gerade dann, wenn du dich zu einer Tagtraumexkursion zurückgezogen hast, an deine Tür klopft, weil er Kuchen backen will und vergessen hat, Backpulver zu kaufen? Wie reagierst du, wenn sich dein Lebenspartner das Fußballspiel seiner Lieblingsmannschaft in maximaler Lautstärke anhört? Und wie verhältst du dich, wenn dich der Verkehrslärm nicht zur Ruhe kommen läßt?

Zunächst solltest du durch äußeres Abschotten unerwünschte Störungen gar nicht erst auftreten lassen. Wenn du allein lebst, ist es relativ leicht, andere für die Periode deiner Auszeiten fernzuhalten. Stell beispielsweise deine Klingel ab, sag, daß du arbeitest, dich auf deinen Weiterbildungsstoff konzentrieren mußt – oder ganz einfach, daß du schlafen willst. Dir wird da sicher etwas einfallen! Ein einfühlsamer Partner bzw. eine anteilnehmende Partnerin hingegen wird dir bestimmt deinen gewünschten persönlichen Freiraum gewähren. Das gilt insbesondere, wenn du über kein eigenes Zimmer in der gemeinsamen Wohnung verfügst und dich mit einer Zimmerecke begnügen mußt. Dann ist es möglicherweise besser, wenn du auf dein Bett ausweichst.

Wenn sich Störungen der Außenwelt nicht beseitigen lassen und du auch keine Möglichkeit hast, dich von Störquellen räumlich zu entfernen, dann kannst du dich auch innerlich abschotten und die Reize deiner Umwelt aktiv aus deinem Erleben ausblenden, beispielsweise, indem du die Augen schließt und dir schalldichte Stopfen in die Ohren steckst.

Es gibt jedoch auch eine aktive Form der Abschirmung von Umweltreizen. Sie besteht darin, daß du alle Umweltreize, also Geräusche (z. B. Stimmen aus dem Nebenzimmer, ein vorbeifahrendes Auto) sowie Tast- und Körperwahrnehmungen (z. B. das Kitzeln des Kissens an deinem Hals, die Schwere deines Körpers auf seiner Unterlage) bewußt verdrängst. Diese Form des Ausblendens der Umweltreize ist allerdings nicht ganz leicht. Sie muß erst gelernt werden.

Akustische Umweltreize aktiv ausblenden

Wie kannst du akustische Umweltreize, z. B. Straßenlärm oder Hämmern, aktiv ausblenden? Stell dir vor, du befindest dich in der Wartehalle eines großen Flugplatzes. Es ist Nacht, und du bist sehr müde. Die Menschen um dich herum reden und schieben ratternd ihre Koffer vorbei. Ab und zu ertönt eine Lautsprecherdurchsage. Du schläfst immer wieder ein bißchen ein und wachst wieder auf. Jedesmal, wenn du nach einem kurzen Einnicken wieder aufwachst, bemerkst du, daß die Geräusche um dich herum plötzlich viel lauter werden. Das heißt, im Halbschlaf gelangen die Geräusche aus deiner Umgebung nicht in dein Bewußtsein.

Die aktive Ausblendung der Hörempfindung funktioniert ähnlich. Jedes Geräusch besteht nicht nur aus seinem unmittelbaren Eindruck, sondern auch aus einer Art geistigem Nachhall. Du kannst diesen Nachhall erleben, wenn du mit dem Finger auf den Tisch klopfst. Der Eindruck des Klopfgeräusches verschwindet nach dem eigentlichen Höreindruck nicht sofort, sondern verbleibt noch ein bis zwei Sekunden als eine Art Nachschwingen in deinem Bewußtsein. Wann der eigentliche Höreindruck endet und der Eindruck des Nachhalls beginnt, läßt sich nicht so ohne weiteres bestimmen. Hierin liegt der Ansatz unserer Technik zur aktiven Ausblendung störender akustischer Umweltreize. Es kommt darauf an, daß du den Nachhall des Geräusches immer kürzer machst, bis du das eigentliche Geräusch nicht mehr wahrnimmst. Wir haben in meiner Tagtraumgruppe eine Reihe von Techniken zur aktiven Ausblendung akustischer Reize entwickelt.

Die einfachste Technik besteht darin, daß du dich entspannst und dir zunächst vorstellst, daß du jedes Geräusch löschen kannst, sobald du es hörst. Das heißt, du versuchst den Nachhall zu verkürzen. Nach einiger Zeit der Übung wirst du erfahren, daß du zwar noch Geräusche hörst, daß du sie aber nur noch kurz erinnerst. Versuch diese Zeitspanne des Erinnerns immer kürzer werden zu lassen. Dazu bedarf es natürlich intensiver Übung. Lösch die gehörten Geräusche immer früher, im Idealfall im gleichen Augenblick, in dem du sie hörst. Sobald du dazu in der Lage bist, werden sie dir überhaupt nicht mehr bewußt. Sie haben damit keinen Anteil mehr an deinem aktuellen Erleben.

Wenn ich aktiv störende Geräusche beseitigen muß, gehe ich einen anderen Weg. Ich beseitige störende Geräusche, indem ich ihren Nachhall so ausdehne, daß sich das Erleben des Wiederklangs der gehörten Geräusche mit dem Erleben der aktuellen Geräusche mischt. Dadurch vermengen sich die Empfindungen unterschiedlicher Hörerlebnisse. Im günstigsten Fall empfinde ich ein undefinierbares Hintergrundgeräusch, ähnlich dem Rauschen eines Bachs oder der Brandung, auf das ich dann einfach nicht mehr achte, es sozusagen vergesse.

Diese Methode des aktiven Löschens von Geräuschen läßt sich meist auch von Anfängern relativ gut anwenden. Allerdings führt sie beim Einsatz am Abend in einer Vielzahl der Fälle zum Einschlafen, so daß ich sie dir nur raten würde, wenn du wirklich putzmunter bist.

* * *

Neben der Methode der aktiven Ausblendung von Hörempfindungen und der Methode der Ausdehnung des Nachhalls habe ich mit meiner Gruppe im Rahmen unserer Tagtraumübungen eine Vielzahl von Vorgehensweisen ausprobiert, um die Geräusche der Umwelt als Störfaktoren bei unseren Tagtraumübungen auszuschalten. Die Methoden gingen von einfacher Mißachtung auftretender Geräusche über das »geistige Singen« von Schlagertexten und die Vorstellung von Tönen und Geräuschen (etwa Wassergeplätscher) bis hin zur Aufstellung eines realen Zimmerbrunnens am Tagtraumort.

Keiner dieser Wege zur Ausblendung störender Geräusche ist perfekt. Sie sind jedoch von Tagträumern erprobt und für gangbar befunden. Überleg dir selbst, welche der geschilderten Methoden dir am ehesten zusagt. Teste sie ruhig einmal durch. Probier ein bißchen mit den Strategien herum, kombinier sie. Mit der Übung findest du die für dich richtige Methode.

Störende Körperempfindungen ausblenden

Wenn du dich an deinem Tagtraumort hinlegst und versuchst dich zu entspannen, dann hast du möglicherweise eine Reihe von Empfindungen, die dein Loslassen stören: Du spürst einzelne Körperteile, findest ihre Lage unbequem, deine Kleidung drückt, außerdem ist es dir zu kalt oder zu heiß, und Durst hast du auch. Solche Empfindungen können deine Entspannung stören. Wenn du mental dagegen angehen willst, fehlt dir die Kraft, um deine eigentlichen Tagträume einzuleiten – du ärgerst dich, und die Freude schwindet.

Vermeide alles, was deine körperliche Entspannung bereits im Vorfeld deiner Tagtraumübung beeinträchtigen könnte. Achte bereits vor Beginn deiner Tagträume auf die richtige Bekleidung – sie sollte leicht und luftig sein. Halt an deinem Tagtraumort immer eine Decke bereit. Beginn deine Tagtraumexkursionen weder zu hungrig oder durstig noch mit vollem Magen. Trink möglichst keinen Alkohol (oder allenfalls sehr wenig). Meide Aufputschmittel. Auf deinem Tagtraumlager solltest du so bequem liegen, daß dir deine Lage nicht mehr ausdrücklich zu Bewußtsein kommt.

Trotz all dieser Vorkehrungen wirst du deinen Körper immer noch spüren: Du fühlst die Schwere deines Körpers auf der Unterlage, du spürst die Lage deiner Gliedmaßen, du kennst deine Lage im Vergleich zu den örtlichen Gegebenheiten deiner räumlichen Umgebung. Dieser Rest von Körpergefühl muß aktiv ausgeblendet werden im Sinne einer aktiven Maßnahme. In unserer Tagtraumgruppe bestand eine häufig praktizierte Methode zur aktiven Ausblendung des Körpergefühls darin, mit dem »Bewußtsein im Körper zu rotieren«.

Stell dir vor, daß in deinem Körper aus Fleisch und Blut noch ein weiterer Körper steckt, mit dem du dich bewegen kannst, ohne daß sich dein materieller Körper bewegt. Dreh dich mit diesem Gedankenkörper in deinem fleischlichen Körper wie mit einer Hand in einem zu großen Handschuh.

Ich selbst hatte nie Probleme mit störenden Körperempfindungen – vorausgesetzt, ich konnte mich richtig entspannen. Möglicherweise liegt auch für dich der Schlüssel für ein von Körpergefühlen ungestörtes Tagtraumgeschehen in der richtigen Entspannung. Probier es ruhig einmal aus, ob du leichter in die Welt deiner Tagträume gelangst, wenn du zuvor einen kurzen Spaziergang unternimmst, ein warmes Bad genießt oder dich für fünf Minuten still hinsetzt und noch einmal die Geschehnisse der letzten Stunden an dir vorbeiziehen läßt. Neben den Hörempfindungen und dem Körpergefühl lassen sich auch Sehempfindungen aktiv ausblenden. Das gelingt allerdings erst nach langer Übung (vgl.: Bardon, *Der Weg zum wahren Adepten*[4]). Im Idealfall kannst du dann mit geöffneten Augen optische Phantasien erleben. Für unser Vorhaben des realistisch-klaren Tagträumens reicht es, wenn du deine Augen schließt.

---

[4] Bardon, Fr. (1956). *Der Weg zum wahren Adepten*. Freiburg, Hermann Bauer.

Bei extremen optischen Störungen, z. B. bei Leuchtreklame, erfüllen mechanische Verdunkelungsvorrichtungen (Augenklappen, Sonnenbrillen) gute Dienste. Notfalls hilft es, die Bettdecke über den Kopf zu ziehen. Halten extreme optische Störungen lange an, dann such dir einen anderen Ort zum Tagträumen.

Loslassen und entspannen

Zu Beginn deiner Tagtraumübungen wirst du die Erscheinungen deiner inneren Welt als schwach und gedämpft erfahren. Dein inneres Erleben wird zunächst nur leise zu dir sprechen. Aus der Sicht deines Alltagsbewußtseins ist die Welt deiner Tagträume ein Grenzzustand. Und die perfekte Entspannung ist das Nadelöhr, das wir durchschreiten müssen, wenn wir klare Tagträume aufbauen wollen.

Entspannungstechniken wirst du meist nur zu Beginn deiner Tagtraumübungen benötigen, und zwar zwischen deinem Auszeiteingangsritual und dem »In-Gang-Setzen« deiner Tagtraumreise.

Loslassen und Entspannen bedeutet, alle Sorgen, Ansprüche und Erwartungen für die Zeit des Tagtraums hinter sich zu lassen. Zieh dich nicht nur an deinen Tagtraumort zurück, sondern *entzieh* dich auch der nicht enden wollenden Folge deines Tun-und-erledigen-Müssens. Oft steht dir kein Tagtraumort zur Verfügung, etwa wenn du deinen Tagtraum auf der Liege im Hallenbad vollziehst. Dann ist es um so wichtiger, daß du dir deinen Tagtraumort *in dir* schaffst und die äußere Welt einfach abschaltest.

Deine Loslaß- und Entspannungsübung muß routiniert ablaufen. Lern die einzelnen Schritte auswendig. Üb sie, bis sie dir

zur Gewohnheit werden und, einmal angestoßen, von selbst
ablaufen.

Führ dein Tagtraumeingangsritual durch, und leg dich bequem hin. Schließ die Augen. Atme langsam ein und aus,
ohne daß du das Gefühl hast, *künstlich* zu atmen. Nun entspann bewußt und systematisch deine sämtlichen Muskeln
und Körperregionen. Beginn mit den Füßen. Richte deine Aufmerksamkeit ganz auf deine Zehen. Fühl die Anspannung in
deinen Zehen und entspann sie aktiv. Stell dir die Anspannung
als Druck vor. Du öffnest dein Ventil, und die Anspannung
entweicht. Du mußt richtig fühlen, wie die Anspannung in
deinen Zehen nachläßt. Dann geh über zu den Fußsohlen,
dem Fußrücken, der Ferse. Spürst du, wie sich die Spannung
auflöst? Nun merkst du erst, wieviel an Anspannung vorher
noch da war – eine Anspannung, von der du mit anderen Entspannungstechniken gar nichts bemerkt hättest! Fahr mit
der Entspannung fort: Füße, Unterschenkel, Oberschenkel,
Bauchraum, Brust, Hände, Unterarme, Oberarme, Rücken,
Hals, Gesicht, Kopfinnenbereich und die Hinterkopfaußen-
seite. Öffne überall die Spannungsventile. Läßt sich eine fest-
sitzende Anspannung in einer Körperregion nicht auflösen,
dann versuch sie in eine andere Region zu verschieben und da
aufzulösen. Nimm dir genügend Zeit.

Anfangs wirst du für die Übung recht lange brauchen. Später
läuft sie ohne viel Konzentrationsaufwand als Routine ab. Laß
die Entspannung wie eine Welle von den Füßen ausgehend
nach oben bis zu deinem Scheitel laufen. Eine äußerst rasch
wirkende und sichere Methode.
    Jede erfolgreich durchgeführte Entspannungsübung ver-
leitet dazu, den Entspannungszustand in Form der gerade
aktuellen Körperlage mit Gewalt aufrechterhalten zu wollen. Das jedoch führt direkt in neue Anspannungen hinein.
Also beweg nach abgeschlossener Entspannungsübung noch

einmal deine Gliedmaßen, und bring sie in eine bequeme Stellung. Merk dir das Gefühl deines vollkommen entspannten Körpers. Es ähnelt dem Gefühl, das du nach einem erholsamen Schlaf hast. Nach jeder weiteren Lageänderung brauchst du nur noch dieses Gefühl hervorzurufen, um dich vollkommen zu entspannen. Wichtig ist, daß du dich absolut wohl fühlst.

Du solltest alles unterlassen, was es dir schwermacht, dich zu entspannen. Meide vor allem:

• Schwere, fetthaltige Speisen
• Alkoholexzesse
• Aufregungen aller Art

Wenn ich mich nicht entspannen kann, mache ich einen kurzen Spaziergang. Manchmal hilft es mir auch, wenn ich die Geschehnisse der vergangenen Stunden noch einmal an mir vorbeiziehen lasse.

Entspannen und Loslassen sind eine Vorbereitung auf die eigentliche Tagtraumübung. Manchen Tagträumern fällt es leichter, sich zu entspannen, wenn sie sich vor dem Beginn der Auszeit Gesicht, Hände und Füße waschen. Vielleicht probierst du es einmal. Wenn du Zeit und Gelegenheit hast, dann dusch dich, und stell dir vor, daß mit dem Wasser alle Anspannungen, Sorgen und Probleme abgewaschen werden.

Wie du deinen Geist aktiv entspannst und deine Sorgen bewußt aussperrst, ist Teil der Übungen zur Erreichung eines stabilen Bewußtseins (vgl. S. 78 und S. 81).

4

Mentale Voraussetzungen
für deine Tagträume

Alltagsbewußtsein und Tagtraumbewußtsein

Der Begriff *Bewußtsein* wird sowohl aus naturwissenschaftlicher als auch aus philosophischer und alltagssprachlicher Sicht unterschiedlich beschrieben und mit einer schillernden Vielfalt an Zuständen in Zusammenhang gebracht. Ein Teil dieser Zustände ist unmittelbar verläßlich, etwa das Wissen um den Realitätsgrad meines Erlebens, die Ausrichtung meines Körpers im Raum oder die Sicherheit darüber, daß ich wach bin. Ein anderer Teil muß erst konstruiert werden, beispielsweise Erinnerungen oder Vorstellungen. Wieder ein anderer Teil bewußter Zustände, wie etwa die Schlafträume, ist sehr unbeständig.

Für deine Tagträume ist das hohe Maß an »Homogenität«, an Einheit, durch das sich Bewußtsein auszeichnet, besonders wichtig. Wenn du an einem Sommermorgen auf der Veranda deiner Tagtraumvilla sitzt und den Sonnenaufgang beobachtest, dann hast du zunächst ein absolut »homogenes« Erleben, nämlich »Sonnenaufgang auf meiner Veranda«. Erst wenn du beginnst dieses Erleben in einzelne Aspekte aufzuteilen (etwa in einzelne Vogelstimmen, den Geruch nach Pflanzen, den milden Wind), geht diese Homogenität über in eine Vielheit. Das bedeutet jedoch nicht, daß sich dein Bewußtsein aufteilt. Der Übergang in die Vielheit gleicht vielmehr einer Verschiebung deiner Aufmerksamkeit, er hat nichts zu tun mit einer Zerteilung deines Bewußtseins. Dein Bewußtsein ist unteilbar.

Doch dein Bewußtsein ist auch unteilbar in einem anderen Sinne. Du kannst nicht *so tun*, als ob du das Bewußtsein eines Erlebnisses der grünen Palme nur *hättest*. Erleben ist immer real. Das gilt unabhängig davon, ob du dich in deiner Alltagswelt oder in deiner Tagtraumwelt befindest. Wenn du die grüne Palme siehst, ihre rauhe faserige Rinde berührst und das Rascheln und Rauschen ihrer an den Spitzen ausgefransten Blätter über dir hörst, dann muß dir klar sein, daß du sie – obwohl sie nicht vor dir steht – wirklich siehst, fühlst und hörst. Sie ist Bestandteil deines Erlebens.

Für den ungestörten Verlauf deiner Tagtraumexkursionen ist es daher wichtig, daß du auch dein Tagtraumerleben als das Erleben eines realen Seins akzeptierst – nämlich als das Sein deines Tagtraums. Versuch nicht dein Erleben zu erklären, etwa in dem Sinne, daß du es auf etwas anderes zurückführst. Sobald du von der grünen Palme, die sich im tropischen Wind wiegt, denkst, »diese Palme stell ich mir nur vor«, verliert sie einen Großteil ihrer klaren Gegenwart für dich. Der Aufbau von stabilen Tagtraumwelten wird so nicht gelingen!

* * *

Ich sprach bereits davon, daß alle Dinge, Lebewesen und Situationen deiner Alltagswelt immer die Form von Erlebnissen haben. Erst im Zuge einer Deutung machst du aus deinem Erleben eine in sich geschlossene Erlebenswelt. Was du erlebst, ist daher in hohem Maße das Ergebnis einer Auslegung. Diese Interpretation geschieht auf der Grundlage deines persönlichen Wissensvorrates, deiner Erfahrungen. Wenn du dich in deiner Tagtraumrealität befindest, dann ist dies deine in diesem Moment gültige Realität. Die in deinem Tagtraum vorkommenden Objekte sollten für dich genauso real sein wie die

Objekte in deinem Alltagsleben. Diese Erlebnisweise darf sich durch nichts erschüttern oder aufweichen lassen; selbst wenn du in deinen realistisch-klaren Tagträumen deinen Körper bizarr verändern, verkleinern, vergrößern oder das Geschlecht wechseln kannst.

Das Handeln in der Welt deiner Tagträume ist mit wesentlich geringeren technischen Schwierigkeiten verbunden als das Handeln in der Alltagsrealität. In deiner Tagtraumwelt haben die Gesetze der Welt und die Regeln der Menschen ihre uneingeschränkte Macht verloren. Bei ausreichender Tiefe wird dein Handeln und Erleben im Tagtraum mindestens genauso bewußtseinsecht sein wie dein Handeln und Erleben im Alltag. Und mit der Möglichkeit, einen eigenständigen Handlungsablauf herzustellen, ohne die mannigfachen Ablenkungen, wie sie in der Realität vorkommen, verleihst du deinen Tagträumen einen faszinierenden Reiz.

> Laß all deine Sorgen in der Alltagswelt. Du hast überhaupt keinen Grund, sie mit in deine Auszeiten zu nehmen und dich von ihnen ablenken zu lassen – außer wenn du tagträumend an ihrer Lösung arbeitest. Keine Angst, du verlierst deine Sorgen schon nicht, wenn du sie für einige Zeit dort läßt, wo sie sind. Leider!

Kennst du das erhebende Gefühl, eine Stunde alle Sorgen zu vergessen? Ein realistisch klarer und bewußter Tagtraum von einer Stunde Dauer oder gar eine Wochenend-Tagtraumserie mit dem Thema »Meine Höhle im Wald«, beim Geräusch tropfenden Wassers und bei spärlichem Tageslicht auf einem Lager aus Moos, ist Balsam für die Wunden deiner Seele. Möglicherweise gewinnst du gerade hieraus die Kraft für die Lösung eben der Probleme, die du während deines Tagtraums *draußen* gelassen hast.

Wie du dein Selbst stabil erhältst

Sei dir stets über deine momentane Situation in deinem Lebensplan klar. Dein Lebensplan enthält all die Vorhaben, die du in deinem Leben durchführen, und all die Ziele, die du in deinem Leben erreichen willst. Beispiel eines Lebensplans: Zuerst bestehe ich mein Abitur, dann studiere ich Jura, dann werde ich ein erfolgreicher Rechtsanwalt, gründe eine Familie, baue ein Haus … Einfache Lebenspläne sehen so aus: Wenn ich groß bin, dann werd ich Polizist. Oder: Meinen Lebensabend genieß ich als Urlauber auf Mallorca.

Auch wenn deine Alltagswelt gnadenlos auf dich einstürmt, solltest du dir immer klar darüber sein, an welcher Stelle deines Lebensplans du dich gerade befindest.

Neben der Kenntnis deiner aktuellen Position in deinem Lebensplan ist auch das Wissen um deinen aktuellen Bewußtseinszustand von außerordentlicher Bedeutung für den Aufbau und die Stabilität deiner Tagträume. So solltest du immer wissen, ob du dich gerade in deinem Alltagsleben befindest oder einen Tagtraum erlebst. Viele Tagtraumerlebnisse kannst du erst so richtig genießen, wenn du weißt, daß es sich um eine Phantasie handelt.

Auch für einzelne Episoden oder Phasen deines Alltagslebens ist die genaue Kenntnis ihrer Stellung in deinem Lebensplan und des mit ihr verbundenen Bewußtseinszustands nützlich. Mach dir immer wieder deutlich, in welchem Abschnitt deines Lebens du dich gerade befindest! Bewahr in allen Lebenslagen den Bezug zu deiner persönlichen Geschichte und zu deinen übergeordneten Werten und Zielen.

Die beiden gebräuchlichsten Verfahren hierzu sind die Führung eines geistigen Tagebuchs und Übungen zur Bewußtseinskontinuität.

Das geistige Tagebuch

Das Führen eines geistigen Tagebuchs soll sicherstellen, daß du dich weder von deinem Lebensalltag vereinnahmen läßt, noch dich in deinen Tagträumen verlierst. Es soll gewährleisten, daß keine zu großen Sprünge auf deinem persönlichen Schicksalsweg auftreten. Das heißt, obwohl du (zunächst) keine Alltagssorgen mit in deine Auszeiten nehmen solltest, mußt du immer *du* bleiben. Schaff dir daher ein Selbstgefühl, das auf der Einmaligkeit deines persönlichen Lebenswegs basiert. Halte dich an das, was dich auszeichnet, nämlich an deine einmalige *persönliche Lebensgeschichte*. Damit dir das auch gelingt, solltest du folgende Übung täglich durchführen:

Ausgehend vom Gegenwartspunkt, also von deinem Hier-und-Jetzt, läßt du den Blick deiner Erinnerung in die Vergangenheit schweifen. Beginn mit dem gerade vergangenen Augenblick. Dann laß die unmittelbar davor erlebten Situationen rückwärts ablaufen, dann durchleb, zeitlich rückwärtsgewandt, den heutigen Tag, dann den vorangegangenen Tag, die letzte Woche, den letzten Monat. Laß das erinnerte Geschehen immer weiter rückwärts ablaufen, denn du blickst ja zurück in deine persönliche Geschichte. Mit der Entfernung deiner Erinnerungserlebnisse von deinem aktuellen Jetzt werden die erinnerten Zeitspannen immer größer und der Blickstrahl deines Erinnerns immer grobrastiger. Schließlich orientierst du dich nur noch an markanten Stellen deiner persönlichen Geschichte, etwa deinem Auszug aus der elterlichen Wohnung, dem Ende deiner Schulzeit, deinem Übertritt vom Kindergarten in die Schule usw.

Von einem Punkt aus, den du als deinen frühesten Geschichtspunkt festgelegt hast (also normalerweise das früheste markante Ereignis deiner persönlichen Lebensgeschichte), wendet sich dein Blick wieder nach vorn und durchläuft deine

bisherige Lebensgeschichte in zeitlich richtiger Richtung bis
zur Gegenwart, verharrt einen kurzen Augenblick im Gegenwartspunkt und geht weiter in Richtung Zukunft.

Jetzt ist deine erwartete (geplante oder gewollte) Zukunft
an der Reihe. Sie drückt sich aus in deinem Lebensplan. Geh
ihn Schritt für Schritt durch. Wieder sind die gegenwartsnahen
erwarteten Erlebnisse zunächst feingliedrig und werden mit
größerem Abstand zum Gegenwartspunkt von Etappenziel
zu Etappenziel immer grobrastiger, bis das oberste Ziel erreicht ist. Dieses oberste Ziel ist dein Lebensziel; z. B. frei von
finanziellen Sorgen zu sein, in Australien eine neue Existenz
aufbauen, die Erleuchtung zu erlangen ... Von diesem am
weitesten in der Zukunft liegenden Ziel gehst du nun wieder
denkend Schritt für Schritt zurück in deine Gegenwart.

Führ diese Übung beispielsweise abends vor dem Einschlafen
durch, früh auf dem Weg zur Arbeit oder in der Mittagspause.
Bewährt hat sie sich auch während der Durchführung von
Routinearbeiten. Ich praktiziere die Übung des geistigen Tagebuchs auf meinem allabendlichen Heimweg von der Arbeit.
Dein regelmäßiger Blick auf deine persönliche Geschichte und
deine Zukunft im Spiegel deiner Werte- und Zielstruktur erfordert nur wenig Mühe, verleiht aber dem zeitlichen Zusammenhang deines Erlebensstroms eine enorme Stabilität.
Mir hat sie bereits in einigen Krisen geholfen, meine innere
Stabilität aufrechtzuerhalten. Wenn du nicht regelmäßig
deine aktuelle Erlebenswelt mit den Erfahrungen aus deiner
persönlichen Vergangenheit und deinen persönlichen Zielen
in Übereinstimmung bringst, dann überläßt du es dem Zu-
fall, ob du in 10 , 20 oder 30 Jahren gesund bist, ob es dir
dann noch gutgeht und wie erfolgreich du bist.

Kontinuierliches Bewußtsein

Unabhängig von dem Führen eines geistigen Tagebuchs solltest du dir jederzeit über deine aktuelle Position in deinem Lebensplan klar sein, ohne in deinem Alltag vollkommen aufzugehen. Erreichen läßt sich diese bewußte Präsenz, indem du eine kleine Distanz zum eigenen Erleben herstellst, etwa indem du bei jedem Erlebnis im Hintergrund das Gefühl mitschwingen läßt, daß es sich bei dem aktuellen Hier-und-Jetzt zunächst um ein Erlebnis handelt und daß du erst dann, interpretierend, deinem Erlebnis seinen Realitätsgrad zuordnest. Alles, was du siehst, hörst, fühlst, riechst und schmeckst, ist zunächst ein Erlebnis. Erst in einem weiteren Schritt der Deutung machst du daraus »die Alltagsrealität«, »einen Schlaftraum«, »einen Kinofilm«, »einen Tagtraum«. Ich nenne den regelmäßigen Blick hinter diese Deutungen kontinuierliches Bewußtsein, weil sie als unteilbares bewußtes Element eine Vielzahl aufeinander folgender Erlebnisse miteinander verbinden.

Betrachte einmal folgende Erlebniskette: Du auf dem Weg von der Arbeit nach Hause, du beim Abendessen, du beim Tagträumen, du bei deinen Abendroutinen. Kontinuierliches Bewußtsein hebt ab auf das Bleibende, das Konstante in dieser Erlebniskette und findet es in deinem Selbst. Du bist das Verbindende all dieser Erlebnisse. Die Fähigkeit des kontinuierlichen Bewußtseins betont in jeder Erfahrung deine Rolle als Erfahrender. Dein Selbst wird stabiler. Besonders wenn du deine Tagträume frei laufen läßt, etwa um neue Lösungsansätze für verzwickte Probleme zu finden, ist dein Selbst (in der Form von *ich bin*) oft der einzige Bezugspunkt, den du hast.

Das Erlernen des kontinuierlichen Bewußtseins und seine Praxis ist zuweilen etwas schwierig. Besonders in persönlich sehr wichtigen und gefühlsbetonten Situationen identifiziert man sich allzuleicht mit den Inhalten seines Erlebens und vergißt die Distanz zu den Deutungen seiner Erlebnisse. Selbst mir passiert es hin und wieder, daß ich mich mit der einen oder anderen aktuellen Situation meines Alltagslebens identifiziere. Während das geistige Tagebuch deinen Erlebensstrom des verfließenden Hier-und-Jetzt strukturiert, ihn auf deine persönliche Werte- und Zielstruktur bezieht und dem Leben dadurch Stabilität verleiht, gleicht die Bewußtseinskontinuität die Höhen und Tiefen deines persönlichen Lebensweges aus. Richtig angewendet, führen beide Übungen zu einem Ruhen des erlebenden Ich in sich selbst.

Für dein Alltagsleben hat ein kontinuierliches Bewußtsein den Vorteil, daß du den Überblick über deine Gesamtsituation behältst und dich nicht gleich in jedem noch so unbedeutenden Einzelerlebnis aufgehst. Erst das Wissen um den Tagtraumcharakter deiner Anwesenheit auf der Titanic macht den Anblick des Eisbergs so schauerlich-schön. Und erst das Wissen um den Alltagsrealitätscharakter der zärtlichen Umarmung deiner Angebeteten macht dir ihren außerordentlichen Wert deutlich. Dein übergreifender und vergleichender Blick auf die einzelnen Situationen deines Erlebensablaufs gibt dir nämlich die Möglichkeit, die wahre Wertigkeit jedes einzelnen Erlebnisses in einem größeren Zusammenhang (beispielsweise vor dem Hintergrund deiner Werte- und Zielstruktur) abzuschätzen und seine ganze Tiefe zu erfassen.

Was für das Alltagsleben recht verkopft und akademisch klingt, ist für die Welt deiner Tagträume ein absolutes Muß. Gerade die Fähigkeit zu einem zeitlich übergreifenden kontinuierlich-bewußten Sein unterscheidet gelungene Tagträume von ganz normalen Schlafträumen. Wenn du dich in deinem Tagtraum von der Situation voll und ganz vereinnahmen läßt, dann wirst du einschlafen und dich nach dem Aufwachen gar nicht mehr an die Schätze erinnern können, die du eigentlich in dein Alltagsleben mitbringen wolltest.

Wie lange kannst du deine Gedanken frei laufen lassen?

Setz dich bequem auf einen Stuhl, oder leg dich auf dein Bett. Schließ deine Augen, und entspann deinen ganzen Körper. Nun laß deinen Gedanken freien Lauf. Versuch alles, was in deinem Denken erscheint, deutlich wahrzunehmen und zu beobachten, ohne dich jedoch daran zu beteiligen. Halte dich denkend im Hintergrund. Zunächst wirst du feststellen, daß vor allem Sorgen des unmittelbaren Alltags auf dich einstürmen. All die kleinen und großen Probleme deines täglichen Lebens werden um deine volle Aufmerksamkeit konkurrieren. Du wirst an dein Berufsleben denken, deine Familie, Freunde und Bekannten. Und plötzlich bleibt dein Denken an einem Problem haften. Von da an erfüllt dieses eine Problem deine ganze Verstandestätigkeit, und du vergißt, daß du eigentlich *allen* deinen Gedanken freien Lauf lassen wolltest.

Die Fähigkeit, Gedanken ihren freien Lauf zu lassen und sich ihnen nur beobachtend zur Seite zu stellen, ist eine Standardübung für alle Schüler meiner Tagtraumgruppe. Immer wieder erstaunt mich jedoch, daß Anfänger im Durchschnitt etwa nur sieben Sekunden lang in der Lage sind, ihre Gedanken frei laufen zu lassen, bevor sie sich in einem ihrer Alltagsprobleme verirren. Diese mangelnde Fähigkeit, die neutrale Rolle des Beobachters über längere Zeit aufrechtzuerhalten, stört den Aufbau einer effektiven Gedankenkontrolle. Sobald nämlich ein einzelner Gedanke die Oberhand gewinnt, führt das zu einem Verlust der Übersicht über die anderen Gedanken.

Mangelnde Gedankenkontrolle ist keine gute Voraussetzung für den Aufbau intensiver Tagträume. Jedoch solltest du auch die Gedankenkontrolle nicht zu streng durchführen. Wird die bewußte Beobachterrolle über deine Gedanken zu aufdringlich, dann unterdrückt sie eigenständige Gedankenregungen. Eine rigide Überwachung unterdrückt nicht nur schwache, sondern auch komplexe Gedanken. Oft erscheinen dann nur noch Gedankenfragmente. Wir sind bei unseren Tagtraumexkursionen jedoch auf ein reichhaltiges Gedankenangebot angewiesen. Um dich auf der Reise in die Welt deiner Tagträume zu erholen, Gesundheit zu tanken, Heilung zu finden oder einen Rat für die Lösung deiner Probleme zu erhalten benötigst du die Fähigkeit, deine Gedanken zuzulassen, aber ohne dich einerseits in ihnen zu verlieren und ohne dich andererseits durch sie von der thematischen Ausrichtung deiner Tagträume abbringen zu lassen.

* * *

Mit den nächsten drei Übungen wollen wir systematisch deine Gedankenbeherrschung aufbauen. Eine weiche, aber sichere Kontrolle über deine Gedanken läßt dich deine Begegnung mit deinem Traumtier auf der mondscheinerhellten Lichtung des Silberwaldes genießen, ohne daß dich Freude und Glücksgefühl von deinem Tagtraumziel (z. B. Trost zu erbitten oder Ratschläge einzuholen) ablenken.

Übung 1: Beobachte deine Gedanken

Lern also, deine Gedanken sich entwickeln zu lassen, ohne daß sie dich voll und ganz in ihren Bann ziehen. Die folgenden drei Übungen helfen dir nicht nur, dein Tagtraumbewußtsein stabil zu erhalten, sie sind auch für die Bewußtseinsstabilität in deinem Alltagsleben von Nutzen. Wir werden später, wenn du den bewußten Übergang von deinen klaren Tagträumen in luzide Träume kennenlernst, noch einmal auf sie zurückkommen.

Begib dich an deinen Tagtraumort, und leg dich bequem hin. Führ dein Auszeiteingangsritual durch. Schließ deine Augen und entspann deinen ganzen Körper. Laß deine Gedanken fließen, ohne von ihnen gefesselt zu werden. Stell dich zu ihnen wie ein freier und unabhängiger Beobachter.

Zunächst wirst du das Gefühl haben, daß deine Gedanken absolut chaotisch auf dich einstürmen und daß es dir schwerfällt, ihnen zu folgen. Wenn du dich aber nicht in einzelnen Gedankengängen verlierst, dann werden die Gedanken immer weniger chaotisch. Sie beginnen sich nicht nur zu beruhigen, sondern lassen auch an Aufdringlichkeit nach. Langsam verlieren sich ihre Gewalt und ihr Ungestüm. Zugleich verspürst du ein wohltuendes Gefühl innerer Ruhe.

Die Übung ist abgeschlossen, wenn du nur noch wenige Gedanken wie aus weiter Ferne wahrnimmst. Hüte dich aber davor, während der Übung einzuschlafen. Dann würde sie den Charakter einer Einschlafübung annehmen, und es würde dir in Zukunft immer schwerer fallen, bei deinen Übungen wach zu bleiben. Wenn du das Gefühl hast einzuschlafen, brichst du die Übung sofort ab! Führ dein Auszeitenderitual durch, und erheb dich von deinem Sitz oder deinem Bett.

* * *

Die Fähigkeit zur Gedankenbeobachtung kann dir auch in deinem Lebensalltag helfen, deine Gedanken zu beruhigen. Immer wenn ich mich gestreßt oder ausgebrannt fühle, setze ich mich für einige Minuten hin und beobachte meine Gedanken.

Übung 2: Deinen Geist von störenden Gedanken leeren

Wenn du es gelernt hast, deine Gedanken zu beobachten, ohne dich in ihnen zu verlieren oder einzuschlafen, dann kannst du darangehen, auch die noch verbliebenen Gedanken zu löschen. Die Fähigkeit, den Geist von störenden Gedanken zu befreien, ist für die innere Stabilität und die Einhaltung des Plans deiner Tagtraumexkursionen von großer Wichtigkeit!

Stell dir vor, du befindest dich gerade inmitten einer herrlichen Tagtraumhandlung:
Vereinzelte graue Nebelschwaden liegen über dem nächtlichen Wald. Du stehst auf einer von dichtem Unterholz umgebenen Lichtung tief im Gehölz. Um dich herum nur Bäume, Gras und Felsbrocken. Die gelbe Scheibe des Vollmonds taucht die Szenerie in ein fahles Licht. Durch die nebligwürzige Luft hörst du aus der Tiefe des Waldes die schaurigschönen Rufe einer Eule, während das schüchtern abgehackte Zirpen der Grille im Gras vor deinen Füßen von den pechschwarzen Schatten des Waldes verschluckt wird. Du bist ganz allein. Oder vielleicht doch nicht? Was mag sich dort hinten im Nebel zwischen den mächtigen Baumriesen bewegt haben? Freust du dich? Hast du Angst? Spürst du Panik in dir hochsteigen?

Bedenke, daß sich in deinen Tagträumen störende Gedanken als Teil deiner Tagtraumhandlung manifestieren können. Du hast es in der Hand, ob dort aus dem Schatten des Waldes die Person tritt, von der du dir ein erotisches Abenteuer erwartest, ob ein Mensch auftaucht, den du absolut nicht leiden kannst oder eine Schreckgestalt erscheint, die dir die schlimmsten Alpträume deines Lebens beschert.

Die Fähigkeit zur Gedankenkontrolle ist notwendig, um unerwünschte Situationen in deinen Tagträumen zu unterdrücken. Sie ist bei der weiteren Entwicklung und Perfektionierung deiner Tagträume absolut wichtig. Eine Tagtraumhandlung bleibt nur dann klar und übersichtlich, wenn du Gedanken, die sich dir unerwartet, aber hartnäckig aufdrängen, aus deinem Geist verbannen kannst.

Du solltest der Entwicklung der Kontrolle deiner Gedanken allergrößte Aufmerksamkeit schenken!

Begib dich also wieder an deinen Tagtraumort, führ dein Auszeiteingangsritual durch, und laß deine Gedanken laufen. Stell dich zu ihnen wie ein stiller Beobachter. Wenn sich der Gedankensturm gelegt hat und nur noch einzelne Gedanken in deinem Geist sind, dann geh daran, diese Gedanken zu löschen, bis dein Geist vollkommen leer von Gedanken ist.

Du hast deinen Geist dann von störenden Gedanken befreit, wenn es dir nicht mehr schwerfällt, an nichts zu denken. Lieg ein Zeitlang einfach nur da. Genieß das Gefühl der geistigen Stille. Beende dann deine Auszeit wieder mit dem Auszeitenderitual.

Anfangs wird es dir schwerfallen, störende Gedanken zu beseitigen, denn mit dem Versuch, einen Gedanken zu löschen, konzentrierst du dich ja auf eben diesen Gedanken. Möglicherweise fällt es dir leichter, deinen Geist leer zu machen, wenn du die Gedanken in deiner Vorstellung immer weiter (räumlich) nach außen, sozusagen über deinen denkerischen Horizont, hinausschiebst. Du kannst aber auch den Gedanken, der sich dir aufdrängt, bildlich in einen Mülleimer werfen. Du mußt dich nur davor hüten, daß wiederum der Mülleimer eine feste Einrichtung deiner geistigen Welt wird. Du kannst auch versuchen, störende Gedanken mit einem überdimensionalen Radiergummi wegzuradieren oder sie mit deinen Blicken aufzulösen.

Als ich mit dieser Art von Übung begann, habe ich mir immer einen dichten grauen Nebel vorgestellt, der alle Gedanken verschluckt. Als sich der Nebel wieder gelichtet hatte, waren keine Gedanken mehr da. Vielleicht funktioniert diese Methode ja auch bei dir! Die absolute Gedankenleere ist sehr schwer zu erreichen. Du brauchst auch nicht sofort darin perfekt zu sein. Wenn du aber vorhast, die Reisen in deine Tagtraumwelt zu einer lieben Gewohnheit werden zu lassen, solltest du zunächst die Übung der Gedankenleere mindestens einmal täglich durchführen. Je intensiver du dich der Praxis der Gedankenleere widmest, desto leichter fällt sie dir, desto schneller wird sie zur Routine und desto mehr kannst du dich auf deine eigentliche Tagtraumhandlung konzentrieren. Zur Routine geworden, fällt dir die Gedankenleere genauso leicht wie eine beliebige Körperbewegung.

Denk dir nun ein Ritual aus, das du immer am Anfang und am Ende deiner Übung zur Gedankenleere durchführst. Dieses Ritual sollte rein geistiger Natur sein: Stell dir beispielsweise einen Buchstaben vor, erfinde ein Symbol, oder denk einfach das Wort »leer«. Verbinde es mit deinem Erlebnis der Gedankenleere. Später wirst du die Leere sozusagen »per Ritual« einleiten.

Der Ablauf der ersten Phase deines Tagtraums wird dann etwa folgender sein:

- Du begibst dich an deinen Tagtraumort
- Du führst dein Auszeiteingangsritual durch
- Du nimmst deine Tagtraumposition ein (d. h. du legst oder setzt sich hin)
- Du vollziehst das Ritual zur absoluten Leere
- Du startest deine Tagtraumhandlung

Übung 3: Inhaltlich bei einem Gedanken bleiben

Stell dir vor, du befindest dich in einem realistisch-klaren Tagtraum.

Es ist Abend auf deiner Tagtraum-Südseeinsel. Du liegst auf der Veranda deines Strandhauses, hörst dem Rauschen der Wellen zu und betrachtest die Sterne. Um dich herum ist alles friedlich, klar und rein. Doch irgend etwas fehlt. Und du weißt auch was: ein Mensch, den du in einer liebevollen, zärtlichen Umarmung an dich drücken kannst.

Doch in dem Plan zu deiner Traumhandlung existiert kein solcher Mensch. Andere Menschen waren ursprünglich nicht Bestandteil deines Tagtraum-Drehbuchs – denn eigentlich wolltest du dich hier auf der Insel nur erholen und dem Rauschen des Meeres zuhören. Nun aber spürst du ein elektrisierendes Verlangen nach Zärtlichkeit. Doch so sehr du dich auch bemühst, es gelingt dir einfach nicht, deine geliebte Tagtraumperson hinter dem blütenübersäten Oleanderbusch hervortreten zu lassen ...

Um deine Tagtraumsituation zu ändern, etwa indem du Objekte oder Personen, die ursprünglich nicht geplant waren, hinzufügst oder in der Traumhandlung existierende Objekte oder Personen änderst, mußt du in der Lage sein, neue Gedankenzustände aufzubauen und über eine längere Zeit festzuhalten. Die Fähigkeit, beliebige Gedanken thematisch rein in deinem Denken zu bilden und zu festigen, wollen wir nun üben.

Begib dich an deinen Tagtraumort, führ dein Tagtraumeingangsritual durch, und stell die Gedankenleere her. Nun wähl nach Belieben eine Idee, einen Gedankengang oder eine Vorstellung. Halte diese Vorstellung aufrecht. Stell dir beispielsweise das Wort »Rose« vor, und behalt es mit aller Kraft in deinem Denken.

Das Festhalten von Gedanken ist gar nicht so einfach. Das Wort »Rose« wird eine Eigendynamik entwickeln. Assoziationen wie »Garten«, »Dornen« oder »Geburtstag« werden sich dir aufdrängen. Unterdrück diese Vorstellungen! Andere Blumennnamen werden dir erscheinen. Unterdrück sie! Möglicherweise erscheint eine rote Rose mit Tau auf den Blütenblättern vor deinem inneren Auge. Mißachte sie! Visualisierungen sind Thema späterer Übungen. Verfahre ebenso, wenn vor deinem geistigen Auge das Wort ROSE erscheint. Weise alle über den reinen Gedanken »Rose« hinausgehenden Assoziationen energisch zurück, indem du sie neutralisierst oder an den Rand deines Denkens drängst! Wenn du müde wirst und die Gefahr besteht, daß du einschläfst, dann unterbrich die Übung!

Möglicherweise wird der Gedanke »Rose« aber auch immer schwächer. Dann stärk ihn, und halt ihn als reinen klaren Gedanken in deiner Vorstellung. Zu Beginn wird dir das nur für Bruchteile von Sekunden gelingen.

Du beherrscht das Festhalten von Gedanken, wenn du in der Lage bist, einen einzelnen Gedanken so lange in Reinform ohne Störungen durch andere Vorstellungen festzuhalten, bis du von seiner klaren und ausschließlichen Existenz in deinem Denken überzeugt bist.

Führ diese Gedankenübung mit einer Reihe unterschiedlicher Objekte durch. Kombinier Gedankenvorstellungen (Rosengarten, Rosenwasser, Rosenblatt) und spring absichtlich zwischen verschiedenen Gedanken hin und her.

Das Üben des Festhaltens eines ausgewählten Gedankens ist nicht nur eine wichtige Vorübung zum Aufbau deiner Tagtraumwelt. Einmal erlernt, läßt sich diese Fähigkeit mannigfaltig einsetzen. So kannst du dir einen treffenden und einprägsamen positiven Leitsatz ausdenken (z.B.: »Ich bin gesund.« »Ich habe Erfolg.«) und mehrere Minuten oder Stunden lang in deinem Denken halten. Ich nutze die Übung zur thematischen Reinerhaltung einzelner Gedanken manchmal während des Essens. So stell ich mir in Zeiten leichter Erkrankungen oder bei Müdigkeit und Abgeschlagenheit vor, daß die Nahrung, die ich aufnehme, mit Gesundheit und Kraft getränkt ist.

Übung 4: Dein ursprüngliches Lebensgefühl spüren

In deinen Tagträumen suchst du Hilfe bei Fragen deines Alltags, du hoffst, neue Ziele und Strategien für ein glückliches und erfolgreiches Leben zu finden, du möchtest deine Gesundheit stärken und deine soziale Kompetenz erhöhen.

Doch gerade die Probleme, für die du in deinen Tagträumen die Lösung suchst, die gesundheitlichen Schwierigkeiten und ein großer Teil deines Leides, sind Teil deines aktuellen Lebensgefühls. Sie beanspruchen einen großen Teil deiner Verstandestätigkeit und deines Fühlens, denn du denkst viel über sie nach, und du leidest durch sie. In eigenen Untersuchungen haben wir festgestellt, daß gerade die aktuellen Sorgen, Gefühle, Pläne und Lebensfragen im Denken eines Menschen ständig anwesend sind. Sie lassen sich nicht so einfach ausschalten! Man kann auch sagen, sie *verschmutzen* dein Denken mit negativer Energie. Negative Gedanken jedoch sind eine Gefahr für deine Tagträume. Bedenke, daß sich in deinen Tagträumen alle Gedanken und Gefühle unmittelbar als Bestandteile deiner Tagtraumhandlung zeigen können.

Um die reiche Phantasie deiner inneren Welt kräftig sprudeln zu lassen, um Änderungen Raum zu geben, ist es notwendig, daß du lernst, wie es ist, ohne Sorgen zu leben, wie es ist, einfach nur zu sein. Spür dein ursprüngliches Lebensgefühl!

Begib dich an deinen Tagtraumort, leg dich hin, und führ dein Tagtraumeingangsritual durch. Behalte in deinem Geist deinen Tagtraumtitel »Ursprüngliches Lebensgefühl«. Führ dein Leere-Ritual durch. Du liegst nun da und hast die Augen geschlossen. Etwaige Geräusche in deiner Wohnung oder draußen auf der Straße stören dich nicht. Sie sind jetzt nicht von Bedeutung.

Stell dir vor, daß alle Sinnesempfindungen aus deiner Lebenswelt lediglich lästige, aber ansonsten unwichtige Störungen sind, ähnlich dem Knacken oder Rauschen beim Radioempfang, wenn der Sender nicht klar eingestellt ist. Sie verschwinden mit zunehmender Tagtraumtiefe von allein. Betrachte nun deinen Körper als eine Art Schale oder Haut, aus der du jederzeit herausschlüpfen kannst. Beweg dich leicht in deinem Körper hin und her, dreh dich nach rechts und links, versuch auch zwischendurch eine volle Drehung, beug deinen Tagtraumoberkörper nach vorne, versuch über deinem Lebensweltkörper zu schweben. Alle Drehungen und Bewegungen beziehen sich nur auf deinen Tagtraumkörper. (Mir fällt die Drehung leichter, wenn ich mir vorstelle, daß ich mich wie eine Schraube aus dem Gewinde oder wie ein Korkenzieher aus dem Korken herausdrehe.) Dein alltagsweltlicher Körper liegt bei dieser Übung still da und atmet ruhig. Ein außenstehender Beobachter hätte den Eindruck, daß du schläfst.

Wie fühlt es sich jetzt an, wenn du an deinen Körper denkst, an deinen Beruf, deine Sorgen, deine Probleme? Wenn du das Gefühl hast, all das wäre nichts weiter als ein Traum, aus dem du eben erwacht bist, dann befindest du dich in deinem ursprünglichen Lebensgefühl! Merk dir dieses Gefühl.

Ich nutze mein ursprüngliches Lebensgefühl als Zwischenziel auf dem Weg aus meiner Lebenswelt in die Tagtraumwelt. Sobald ich mich an meinem Tagtraumort befinde und meine Auszeiteingangsroutine durchgeführt habe, stelle ich mir mein ursprüngliches Seinsgefühl vor und gelange so relativ schnell bis knapp vor die Region meiner tiefen Tagträume.

Nun führ dein Auszeitenderitual durch, beweg die Gliedmaßen deines Lebensweltkörpers, streck und dehn dich und
steh auf.

* * *

Die Übung des ursprünglichen Lebensgefühls entspannt und
verschafft dir einen deutlichen Abstand zu deinen Alltagssorgen und Lebensproblemen. Sie zeigt dir auch überdeutlich,
daß dein Alltagsgefühl des Ich-Bin und Ich-Habe lediglich anerzogene Formen eines kollektiven Traums sind.

Übung 5: Der Vorplatz deiner Tagtraumwelt

Begib dich wieder an deinen Tagtraumort, und führ
dein Tagtraumeingangsritual durch. Erinnere dich an
die Übung zu deinem ursprünglichen Lebensgefühl. Dreh dich
nach rechts, nach links, führe eine vollständige Drehung
durch. Dreh dich nun so lange in deinem Alltagskörper, bis du
nicht mehr weißt, was oben und was unten ist und wo du dich
überhaupt befindest. All das ist nun nicht mehr wichtig für
dich. Auch deine Lage in deinem Zimmer zu den räumlichen
Dimensionen des Oben und Unten, Rechts und Links, Vorne
und Hinten sind nicht mehr wichtig. Dreh dich immer weiter
und vergiß alles: wer du bist, wo du bist, ob du überhaupt
bist. Nichts darf mehr sein, an dem du dich festhalten könntest! Es gibt überhaupt nichts mehr für dich, das von Belang
wäre. Du hast kein Geschlecht, keinen gesellschaftlichen Sta-
tus, kein Alter, keinen Körper, der Fragen des Gesund- oder
Krankseins aufkommen ließe. Dich interessiert keine Politik
mehr und kein Geld. Deine Beziehungen zur Alltagswelt sind
vollkommen erloschen. Du *bist* nicht mehr.

Die Übung »Drehung in die Leere« gelingt meist auch einem Anfänger erstaunlich gut. Aber selbst wenn dir die Drehung in die Leere nicht auf Anhieb gelingt, hast du keinen Nachteil davon. Üb weiter und du wirst Erfolg haben! (In meiner Tagtraumgruppe ist noch kein Schüler an dieser Stelle seiner Reise in die Welt der Phantasie gescheitert.) Wichtig ist nur, daß du die Drehübung überhaupt durchführst. Die Perfektion kommt nicht nur mit der Übung, sondern auch mit der Freude und Glückseligkeit über die Erlebnisse, die dich erwarten!

Nun mußt du aber wieder zurück in deine Alltagswelt. Das ist diesmal gar nicht mehr so einfach! Du hast ja keine Fixpunkte mehr, anhand derer du dich ausrichten könntest. Wenn du die Übung ausgiebig durchgeführt hast, dann fühlst du dich absolut orientierungslos, fast so wie kurz nach dem Aufwachen aus einem sehr tiefen Schlaf. Keine Angst! Diese Art von Orientierungslosigkeit stellt keine Gefahr für deinen Lebensplan dar, etwa in dem Sinne, daß du später in deinem Leben die Orientierung verlieren würdest. Orientierungslos bedeutet vielmehr reif sein für Neues – und dieses Neue sind deine Tagträume. So wie du ein Beet in deinem Garten erst von wild wuchernden Pflanzen befreien, den Boden harken und glätten mußt, bevor du junge Pflänzchen einsetzen kannst, mußt du auch dich für die Spanne deiner Auszeiten von all dem Wildwuchs aus deinem Alltag befreien, bevor du mit tiefen Tagträumen beginnen kannst. Somit ist die Übung zur Freilegung deines ursprünglichen Lebensgefühls eine Fortführung der Übung zur Gedankenleere, Übung 2, S. 86. Auf der nächsten Seite, in Übung 6, werden wir in der absoluten Leere all diese Übungen zusammenfassen und vervollkommnen.

Um wieder in deine Alltagswelt zurückzukehren, stellst du dir deinen Körper vor, wie er da liegt. In diesen Körper versuchst du nun einzutreten. Sobald du das geschafft hast, bewegst du vorsichtig deine Gliedmaßen, führst dein Auszeitenderitual durch, schüttelst und dehnst dich und stehst auf!

Übung 6: Die absolute Leere

Folgende drei aufeinander aufbauende Übungen beherrschst du jetzt:

1. Die Übungen zur Gedankenleere aus dem Kapitel über stabiles Bewußtsein und Gedankenbeherrschung (S. 86), die du bisher mit deinem Leerritual eingeleitet hast (Übung 2),
2. die Übung zum ursprünglichen Lebensgefühl (S. 91, Übung 4) und
3. die Übung zur Gefühls- und Empfindungsleere deines Vorplatzes zur Tagtraumwelt nach dem Hinaustreten aus deiner Alltagswelt (S. 93, Übung 5).

Zwar hast du diese drei Übungen zeitlich nacheinander kennengelernt, sie sind jedoch Elemente *einer* Übung. Diese sieht so aus:

- Befreie dich von deinen Gedanken,
- dreh dich so lange, bis du keine räumliche Orientierung mehr hast, und
- lösch alle Gefühle und Empfindungen, die du noch aus deinem Alltagskörper empfängst.

Auf diese Weise gelangst du zur absoluten Leere (genaue Beschreibung folgt). Auch diese solltest du mit einem Ritual einleiten. In der Tagtraumpraxis hat sich hierfür das jeweilige Leerritual bewährt, d. h., du vollführst dein Leerritual und verbindest mit ihm nicht nur eine Löschung deiner Gedanken, sondern auch deiner räumlichen Zuordnungen und körperlichen Gefühle.

Wenn ich von nun an vom Leerritual spreche, dann meine ich immer seinen neuen Inhalt, nämlich die Einleitung der *absoluten* Leere.

Wie bisher wirst du das Leereritual zweimal im Zusammenhang mit deinen Tagtraumexkursionen brauchen:

* zwischen dem Auszeiteingangsritual und dem Beginn der Tagtraumhandlung und
* zwischen dem Ende der Tagtraumhandlung und dem Auszeitenderitual.

Die Ablaufstruktur eines gelungenen Tagtraums stellt sich dann folgendermaßen dar: Auszeiteingang, Leere, Tagtraumhandlung, Leere, Auszeitende. Die Einleitung habe ich der Einfachheit halber weggelassen, denn sie ist nicht bei allen Tagträumen notwendig. Im Gesamtzusammenhang des realistisch-klaren Tagträumens folgt also das Leereritual dem Auszeiteingangsritual und wird selbst gefolgt vom Beginn der Tagtraumhandlung.

Die Übung zur absoluten Leere wird folgendermaßen durchgeführt:

Blockier alle Gedanken, und dräng sie an den Rand deines Bewußtseins. Außer dem Thema deiner aktuellen Tagtraumexkursion darf nichts mehr in deinem Geist sein. Wenn Gedanken kommen wie »Ich sollte jetzt eigentlich im Garten arbeiten« oder »Habe ich die Rechnung an ... schon bezahlt?«, dann versuch diese Gedanken aufzulösen.

Sobald du die Gedankenleere hergestellt hast, dreh dich in deinem Körper. Dein ursprüngliches Lebensgefühl ist ein Zwischenschritt zur absoluten Leere. Im Unterschied zum ursprünglichen Seinsgefühl fehlen dem Gefühl der absoluten Leere alle Gedanken und Zuordnungen zur erlebten Situation (z. B. der Gedanke »Ich fühle mich so frei und sorgenlos«). Dreh dich so lange, bis alle deine räumlichen Zuordnungen schwinden. Blockier alle Orientierungsgefühle bezüglich deiner bisherigen Lebenswelt.

Nach erfolgreicher Drehübung löschst du auch noch dein Alltagskörpergefühl. Weis alle Empfindungen aus deinem Alltagskörper zurück. Du darfst nicht mehr wissen, wo du bist, wer du bist, was du bist. Du fühlst nichts mehr, siehst nichts mehr, hörst nichts mehr und denkst nichts mehr. Du bist nicht mehr! Nur dein Tagtraumthema sollte am Rand deines Bewußtseins bestehenbleiben – sozusagen in eingewickelter Form. Aus dem nun entstehenden Zustand der absoluten Leere heraus kannst du dann deine Traumwelt aufbauen.

In der konkreten Situation des Beginns deines Tagtraums (beispielsweise am Abend, nach einem anstrengenden Arbeitstag, draußen regnet es) und bei entsprechender Übung wirst du einige Sekunden bis einige Minuten brauchen, um die vollkommene Leere zu erreichen – je nachdem, wie gut du dich entspannen und loslassen kannst. Leite die absolute Leere immer mit deinem Leerritual ein. Nach erreichter Perfektion trittst du allein aufgrund der Durchführung des Leererituals routinemäßig in den Zustand der absoluten Leere ein.

5

Plan deine Tagträume

In deinen Tagträumen willst du Abenteuer erleben, dir Rat für deinen Alltag holen, dich bei deinem Traumtier ausweinen. Freude, Rat, Erholung sind die Früchte, die du mit in deinen Alltag nimmst. Doch dein Tagtraum wird seinen Zweck nicht erfüllen, wenn du ihm kein klares Ziel gibst, und wenn du nicht den Weg, den deine bunten Phantasien zu diesem Ziel nehmen sollen, sorgfältig planst. Plan deine Tagträume!

Wie du den Tagtraumablauf richtig planst, so daß er dir den Nutzen bringt, den du von ihm erwartest, und wie du die häufigsten Fehler beim Planen vermeidest, lernst du in diesem Kapitel.

Erinnerst du dich an deine Wünsche aus der Wunschliste (siehe Kapitel 1, S. 41)? Jetzt kleidest du sie in faszinierende Geschichten! In Kapitel 6, Seite 121, lernst du dann deinen Plan in packende, erfüllende, beruhigende, lehrreiche Erlebnisse umzusetzen. Erst dann ist aus deinem Wunsch ein Tagtraum geworden.

An das Ende des Tagtraums sollte sich eine Bewertung anschließen, in der du dir überlegst, ob dein Tagtraum seinen Zweck erfüllt hat. Zweck und Ziel eines Tagtraums unterscheiden sich voneinander.

Unterscheide zwischen dem Zweck des Tagtraums und dem Ziel deiner Tagtraumhandlung

Jeder Tagtraum erfüllt einen Zweck: Er hilft dir bei der Planung deiner Zukunft, schenkt dir schöne Erlebnisse oder hilft dir, gesund zu werden. Während jedoch der Zweck des Tagtraums Teil deiner Alltagswelt ist, etwa im Rahmen praktischer Lebenshilfe, besteht das Ziel des Tagtraums in dem Abschluß der Tagtraumhandlung. Unterscheide daher immer zwischen dem *Zweck* deines Tagtraums als Teil deiner Lebenswelt (die sich aus Alltagswelt und Tagtraumwelt zusammensetzt) und dem *Ziel* deiner Tagtraumhandlung als Teil deiner Tagtraumwelt.

Während beispielsweise der auf die Alltagswelt bezogene Zweck deines Tagtraums »Mir das Rauchen abgewöhnen« sein kann, ist zugleich das Ziel der Tagtraumhandlung »In der Fußgängerzone anderen Menschen beim Rauchen zusehen und mich auch ohne Zigarette pudelwohl fühlen«.

Während der Zweck deines Tagtraums »Das Erleben von Abenteuern« sein kann, ist zugleich das Ziel der Tagtraumhandlung etwa »Die in der Höhle gefangengehaltene Prinzessin befreien und den Schatz finden«.

Das Ziel deiner Tagtraumhandlung ist immer dem Zweck des Tagtraums untergeordnet. Laß dir von dem Ziel deiner Tagtraumhandlung keinen Maßstab aufzwingen, und laß dich nicht von den Zielen einer Tagtraumhandlung gängeln. Du brauchst deine Tagträume nicht einmal so zu Ende zu träumen, wie du es in deinem Plan vorgesehen hast. Meistens wirst du es sowieso nicht tun, weil sich unvorhersehbare Entwicklungen ergeben haben.

Du mußt in deinen Tagträumen nichts zu Ende bringen. Zwar wirst du nach Antworten suchen, aber du mußt keine Antworten finden. Der übergeordnete Zweck deiner Tagträume ist die Verwirklichung der Wünsche aus deiner Wunschliste.

Ihr Zweck ist nicht, mit Hilfe einer Tagtraumhandlung einem Tagtraumhandlungsziel hinterherzujagen. Möglicherweise erkennst du sogar die Ähnlichkeit zwischen dem Maßstab, den dir deine Tagtraumhandlung aufzudrücken sucht, und dem Maßstab, den deine Alltagswelt dir schon lange aufgeprägt hat.

Im Gegensatz zur Alltagswelt brauchst du in deiner Tagtraumwelt für weite Bereiche deines Handelns keine Konsequenzen zu befürchten. Fährst du mit deinem Auto gegen eine Wand, oder springst du ohne Fallschirm aus großer Höhe, passiert dir gar nichts – außer du willst es.

Wie sollte ein erfüllender Tagtraum aussehen?

Tagträumen liegt immer ein Thema zugrunde, das sich an deinen Wünschen aus der Wunschliste orientiert. Willst du wieder gesund werden? Willst du dir das Rauchen abgewöhnen? Willst du deinen Idealpartner finden, im Beruf aufsteigen oder eine Weltreise unternehmen? Ganz gleich, was du in deinen Tagträumen zu erleben wünschst, welche Anregungen du mit in deinen Alltag nehmen möchtest, ob du Hilfe suchst oder Trost oder Erholung oder Glück – jeder Tagtraumwunsch braucht eine Grundlage, auf der er sich verwirklichen kann. Da es sich bei Tagträumen um reine Erlebnisse handelt, kann diese Grundlage nur eine Geschichte sein, die einen ganz bestimmten Inhalt hat. Diesen Inhalt wollen wir die Handlung des Tagtraums nennen.

Um in deinen Tagträumen die Anregungen zu erhalten, die du suchst, mußt du deine Wünsche zu einer erlebbaren Geschichte formen. Gestalte die Handlung deiner Geschichte ruhig aus zu einer großartigen Erzählung. Oder gib ihr den Aufbau eines klassischen Dramas mit einer Einleitung, einer Steigerung der Handlung und einem Schluß, der die

Lösung eines deiner Probleme beinhaltet. Du kannst deine Tagträume aber auch wie ein modernes Theaterstück aufbauen, sie mit wechselnden Blickwinkeln ausstatten und Ort, Zeit und Personen einen hohen Grad an Unbestimmtheit verleihen. Oder du gibst deinen Tagtraumwelten die Form eines barocken Kunstwerks, gestaltest sie wie ein exaktes Abbild deines Alltagslebens oder machst aus ihnen ein expressionistisches Gemälde. Hab Mut zur Phantasie. Füll deine Auszeiten mit beglückenden Erlebnissen. Eine ansprechende äußere Form, die thematisch zu dem Zweck deines Tagtraums paßt, begleitet deine Tagtraumgeschichte mit einem Feuerwerk neuer Aspekte und Ideen.

Der Ablauf von Tagträumen hat immer die Form einer Handlung. Sie ist der eigentliche Inhalt deiner Auszeit. Auch aus philosophischer Sicht sind Tagtraumerlebnisse in ihrem eigentlichen Sinne Handlungen: Sie haben ein Ziel, auf das sie gerichtet sind, und ihr Ablauf folgt einem zuvor festgelegten Plan. Der im Handlungsplan entworfene Tagtraumablauf wird später in der Praxis des aktuellen Tagtraums verwirklicht.

Mit anderen Worten: Tagträume sind in ihrem Ablauf von dem Vorsatz geleitet, ganz bestimmte Erlebnisse zu haben. Der im Handlungsplan festgesetzte Leitgedanke realisiert sich als Tagtraumerleben. Das heißt, am Anfang deines Tagtraums steht der fantasierte Plan einer Traumwelt, die sich von dem gegenwärtigen Hier-und-Jetzt deiner Alltagswelt oftmals drastisch unterscheidet.

Wie du aus den Wünschen auf deiner Liste realisierbare Tagtraumentwürfe formst, das wollen wir jetzt näher betrachten.

Der Übergang von der aktuellen Alltagswelt in die phantasierte Welt des Tagtraums ist gewollt. Er folgt einem Plan, dessen Inhalt in seinen wesentlichen Bezügen bereits feststeht, bevor der Tagtraum beginnt. Das heißt, um einen konkreten Tagtraum erleben zu können, muß man den Ablauf dieses Tagtraums, seine Handlung also, zuvor planend festgelegt haben.

Wie sieht dieses Planen aus? Erinnere dich an deine Liste mit deinen Lieblingswünschen. Du wirst sie jetzt brauchen!

Um einen erfüllenden Tagtraum planen zu können,

- ist es notwendig, daß du aus deinem Wunsch ein ganz bestimmtes Ziel ableitest, auf das deine Tagtraumhandlung zustrebt
- brauchst du einen Handlungsrahmen, der die räumlichen, zeitlichen und ursächlichen Bedingungen deines geplanten Tagtraumerlebens enthält, und
- benötigst du einen Handlungsinhalt, der deinem ganzen Tagtraum Leben gibt.

Das Ziel der Tagtraumhandlung orientiert sich an dem Zweck, den du mit dem Tagtraum verbindest. (Wenn du dich nicht mehr an die Unterschiede zwischen dem Zweck des Tagtraums und dem Ziel der Tagtraumhandlung erinnerst, dann blättere noch mal zurück auf Seite 100.) So kann der Zweck deines Tagtraums beispielsweise neue Aspekte bei deiner Lebensplanung betreffen, die Veränderung eingefahrener Routine thematisieren, sich um die Verarbeitung unangenehmer Erlebnisse drehen oder der Entspannung dienen. Such dir ein Ziel für deine Tagtraumhandlung, das dem Zweck thematisch untergeordnet ist. Wenn beispielsweise der Zweck deines Tagtraums »Hilfe bei meiner Entscheidung für den Beruf des Krankenpflegers« ist, dann kann das entsprechende Ziel der Tagtraumhandlung durchaus lauten: »Nachtdienst auf der Intensivstation«.

Der Handlungsrahmen, in dem dein Tagtraum spielen soll, enthält

- die räumlichen Bedingungen: Wo soll die Handlung deines Tagtraums ablaufen? In einem Zimmer? Am Strand? Im Wald? Auf einem Raumschiff?
- die zeitlichen Bedingungen: In welcher Zeitepoche spielt sich dein Tagtraum ab? In der Jetztzeit? In der Vergangenheit? In der Zukunft? Welche Tages-, Wochen- und Jahreszeit hast du in deinem Handlungsplan vorgesehen?
- die ursächlichen Bedingungen: Wie bist du in deine Tagtraumsituation geraten? Wieso kannst du in deinem Tagtraum fliegen? Welche physikalischen Gesetze und soziale Regeln gelten in deiner Tagtraumwelt?

Beispiele für Tagtraumhandlungsrahmen wären: »Der Ablauf der Feierlichkeiten zu meinem 50. Geburtstag« oder »Nächsten Sommer, wenn ich auf Kreta Urlaub mache« oder »Das Studienangebot nach meiner Abiturprüfung« oder »Mein Start in das Pegasussystem als Kapitän des Raumschiffs Explorer im Jahr 2235«.

Der Handlungsinhalt eines Tagtraums enthält all die Geschehnisse, die von deinem Wunsch auf der Wunschliste zu seiner Erfüllung in Form eines Erlebnisses führen. Ziel, Handlungsrahmen und Handlungsinhalt mußt du zu einem konkreten Tagtraumplan zusammensetzen. Aus deinem Wunsch, dich in einer versteckten Bucht auf einer Südseeinsel auszuruhen, wird so der Plan des erfüllenden Erlebnisses eines perfekten Kurzurlaubs. Diesen Tagtraumplan kannst du nun so oft du willst durchträumen.

Der Ablauf deines Tagtraums sieht jetzt folgendermaßen aus:

1. Planung

Anhand eines Tagtraumwunsches aus deiner Wunschliste verfaßt du einen Tagtraumhandlungsplan. Bei der Aufstellung eines solchen Plans solltest du immer darauf bedacht sein, daß der Grund, warum du das alles machst, in Form eines handfesten Vorteils stets für dich augenfällig ist. Hab also bei der Erstellung deines Tagtraumplans immer den Nutzen des Tagtraums für dein Alltagsleben vor Augen.

Wenn ich einen Tagtraum plane, dann schwingt bei mir immer die elektrisierende Vorfreude auf das mit, was ich alles an Erkenntnissen und Wissen für meinen realen Alltag mitbringen werde.

Auch die Einleitung wird geplant.

2. Auszeiteingangsritual

Der Auszeiteingang markiert in Form eines Rituals den zeitlichen Übergang von deiner Alltagswelt in deine Tagtraumwelt. In deinen Tagträumen bist du außerhalb deiner Alltagszeit, darum Auszeit. Nach dem Durchführen deines Auszeiteingangs-Rituals solltest du dich entspannen.

3. Einleitung

In der Einleitung stellst du den mentalen und emotionalen Übergang zu deiner Tagtraumwelt her. In ihrem einfachen Zuschnitt kann eine Einleitung die Form »Es war einmal ...« haben. Gewöhnlich besteht sie aus einer kurzen Zusammenstellung der Anfangssituation deines Tagtraums.

4. Leere (vor der Tagtraumhandlung)

Die Schaffung der »absoluten Leere« ist nicht zu verwechseln mit der Übung für den leeren Geist. In der »absoluten Leere« entleerst du nicht nur dein Denken von allen Gedanken, sondern hast auch keinen Bezug zu deinem Alltagskörper mehr und verlierst alle Zuordnungen zu deiner räumlichen Umwelt. Sie ist als praktisches Kapitel Stoff von Übung 6, S. 95. Auch der Beginn der Leere ist an ein Ritual gebunden. Gewöhnlich leitet der routinierte Tagträumer den Zustand der absoluten Leere ein, indem er sein Leereritual vollzieht. Bei oberflächlichen und nebenbei durchführbaren Tagträumen ist der Aufbau eines Zustands der Leere nicht notwendig, da oberflächliche und nebenbei durchführbare Tagträume zum Teil in der aktuellen Alltagswelt spielen.

5. Tagtraumhandlung
Die Handlungsfolge äußert sich in einer konkreten Tagtraumgeschichte, die dem Tagtraumhandlungsplan folgt. Das heißt, im Ablauf deines Tagtraums setzt du deinen Tagtraumplan in die Tat um. Erst bei der Tagtraumhandlung kann man von Tagträumen im eigentlichen Sinne sprechen. Den ganzen Aufwand an Übung, Planung und Ritualen machst du nur, um eine erfüllende Tagtraumhandlung erleben zu können. Zeitlich sollte die Tagtraumhandlung viel länger sein als alle Planungen und Rituale zusammen.

6. Tagtraumhandlungsabschluß
Im Tagtraumabschluß muß das in deinem Tagtraumplan vorgesehene Ziel nicht unbedingt erreicht worden sein. Der Tagtraumabschluß kann auch in einem Handlungsabbruch bestehen. Auf alle Fälle muß dein Tagtraumabschluß ein bewußter, willentlicher Akt sein. Er darf nicht in einem Einschlafen bestehen oder sich als ein übergangsloser Wechsel aus deiner Tagtraumwelt in deine Alltagswelt vollziehen.

7. Leere (nach der Tagtraumhandlung)
Vor allem nach tiefen Tagträumen sollten, bevor du in deine Alltagswelt zurückkehrst, alle Gedanken und Gefühle der Tagtraumhandlung nur noch bloße Erinnerung sein, weil dir sonst

Teile deiner Phantasiewelt-Erlebnisse auch nach der Rückkehr in die Alltagswelt noch sehr real erscheinen. Möglicherweise wüßtest du später nicht mehr genau, ob sie auf einem Tagtraum beruhen, auf einem Schlaftraum oder auf einem beiläufigen Erlebnis aus der Alltagswirklichkeit. Der Aufbau eines Zustands der absoluten Leere ist nach oberflächlichen oder nebenbei durchführbaren Tagträumen nicht notwendig, da sie die aktuelle Alltagswelt in ihre Tagtraumhandlung mit einbeziehen.

8. Auszeitenderitual

Am Übergang zwischen der Leere nach der Tagtraumhandlung und deiner Alltagswelt steht wieder ein Ritual, das Auszeitenderitual. Es symbolisiert das zeitliche Ende deines Tagtraums.

An einem *konkreten Beispiel* könnte so eine Ablaufstruktur etwa folgendermaßen aussehen:

Wunsch aus der Wunschliste:
»Ich möchte einen schönen, fitten Körper haben.«

Plan:
Formulier je nach Art des Tagtraums (S. 157) Handlungspläne aus.

Wenn es etwa eine Planung für Wünsche aus dem Bereich »strategische Lebensplanung« werden soll: »Wie integriere ich meine Fitneßübungen in meinen Tagesplan.«

Wenn es ein Kraft schenkender Tagtraum werden soll: »Wie mein gesunder, hübscher Körper am Strand von bewundernden Blicken begleitet wird.«

In der Praxis deiner Tagträume wirst du die verschiedenen Tagtraumarten mischen. Mit anderen Worten: Du konstruierst Tagträume, die dir nicht nur zeigen, wie dein strategisches Vorgehen bei der Änderung deines Gesundheitsverhaltens aussehen könnte, sondern die dich auch mit der notwendigen Vorfreude und Kraft versorgen, z. B.: *Es ist später Nachmittag auf Mallorca. Ich befinde mich gerade im Urlaub und bereite mich auf das Fest des heutigen Abends vor. Zuerst werde ich tanzen und dabei von allen bewundert werden, weil ich so jugendlich und sportlich aussehe und auch spät in der Nacht noch frisch und leistungsfähig bin. Beim Tanzen lerne ich nette Leute kennen, mit denen ich nachts zum Strand gehe, um bei Mondschein zu baden.*

Dem Plan folgt das Auszeiteingangsritual. Du entspannst dich. An das Auszeiteingangsritual schließt sich die Einleitung zu deiner Tagtraumhandlung an. Sie könnte folgendermaßen aussehen: *Während draußen auf dem Meer die untergehende Sonne die Wellen glutrot färbt und die Wipfel der Palmen in eine sonderbare Mischung aus Orange und Grün taucht, bereite ich mich vor meinem Hotelzimmerspiegel auf die Party von heute abend vor. Ich knöpfe die ausgefranste Jeans zu und verlasse mein Hotelzimmer. Es riecht nach frisch angeschürtem Grill und tropischen Fruchtsäften. Unten in der Lounge beginnt die Musikkapelle gerade ein Schmuselied zu spielen.*

Leere (vor der Tagtraumhandlung)

Tagtraumhandlung:
Stichpunktartiger Ablauf des Abends: Glänzender Mittelpunkt unter gutaussehenden Menschen sein. *Tanzen, nette Leute kennenlernen, flirten, am Strand spazierengehen, zum Schluß ein erfrischendes Bad in den im schillernden Vollmondlicht sanft rollenden Wellen.*

Tagtraumhandlungsabschluß (Tagtraumziel):
»Ich habe erlebt, wie es ist, einen begehrenswerten Körper zu haben. Auch in meinem realen Leben werde ich einen schönen, fitten Körper haben.«

Leere (nach der Tagtraumhandlung)

Auszeitende

Die Einleitung planen: Schaff einen thematischen Übergang von deinem Alltag in deinen Tagtraum

Manche Tagtraumexkursionen unterscheiden sich bezüglich ihres Denk- und Erlebenshorizonts sowie in ihrem Inhalt derart extrem von deiner gewohnten Alltagswelt, daß du eine Überleitung zwischen deiner Alltagswelt und der betreffenden Tagtraumwelt brauchst. Das heißt, du solltest eine thematische Hinführung zu deiner eigentlichen Tagtraumhandlung ausarbeiten.

Eine Tagtraumeinleitung ähnelt der Einleitung in einem Buch oder dem Prolog bei mehrteiligen Filmen. Die Einleitung schafft einen Übergang zwischen Alltags- und Tagtraumwelt und motiviert die folgenden Tagtraumsequenzen. Innerhalb langer und thematisch uneinheitlicher Tagtraumverläufe übernimmt sie die Rolle einer Vorbereitung auf die einzelnen Tagtraumepisoden.

Willst du dich beispielsweise mit der Unterwasserwelt der Seychellen beschäftigen, weil du vorhast, einen Tauchkurs zu belegen, dann könnte deine Einleitung folgendermaßen lauten: *Donnernd rollen die Wellen gegen die meterhohen grauen Granitfelsen, die vor dem Grün des Urwaldes wie badende Elefanten aussehen. Ich stehe in hüfthohem Wasser einer kleinen Lagune und spüle das Mundstück meines Tauchgeräts mit dem salzigen Meerwasser aus. Dann steig ich in das schwankende Motorboot, das im warmen Wasser der flachen Lagune auf mich wartet und mich zu den leuchtend bunten Tauchgründen voll tropischer Fische bringen wird ...*

Gewöhnlich sollte die Einleitung zwischen Auszeiteingangsritual und Leereritual liegen. Die Reihenfolge an
Handlungen, die von deiner Alltagswelt in deine Tagtraumwelt führen, ist dann folgende:

• Leg dich hin.
• Führ dein Auszeiteingangsritual durch.
• Entspann dich.
• Geh in Gedanken die Einleitung durch.
• Führ dein Leereritual durch.
• Leite deine Tagtraumreise ein.

Manchmal wird für den Einstieg in deine Tagtraumwelten
eine gedankliche Kurzfassung deines Tagtraumhandlungsplans genügen. Einleiten kannst du dann deinen Tagtraum,
indem du dich einfach in die Handlung stürzt. In so einem Fall
benötigst du keine extra Einleitung. Vor allem handlungsarme
Tagträume, beispielsweise der halbstündige Badeurlaub am
Strand von Mauritius, erfordern keine Einleitung. Du kannst
deine Einleitung auch wie den Beginn eines Märchens for-
mulieren: »Es war einmal ...« oder »Hinter den sieben Bergen ...«.
    Manchmal wird es dir schwerfallen, mit dem Tagtraum
überhaupt zu beginnen. Du hast noch tausend Dinge zu erledigen und begibst dich erst nach einer saftigen Verspätung an
deinen Tagtraumort. Dann liegst du da und versuchst all die
Probleme zu vergessen, mit denen du dich gerade noch herum-
schlagen mußtest und die dich einfach nicht loslassen wollen.
Und wenn es nicht deine ungelösten Probleme und persönlichen Sorgen sind, die dich von deinem Vorhaben abhalten,
dann hast du jetzt gerade Kopfschmerzen, bist müde, und
auch dieses Kitzeln in der Nase bedeutet nichts Gutes. Hier
hat die Einleitung die Aufgabe der Motivation des Tagtraums

im Sinne eines Um-zu-Motivs: Um die Freuden deines Tagtraums erleben zu können, startest du dein Leerritual, und
um dein Leerritual starten zu können, durchdenkst du deine
Einleitung.

Eines der wichtigsten Motive deiner Tagträume ist die
Freude, die du daran hast. Diese Freude soll *nicht* in Zweifel
gezogen und möglichst auch nicht durch eine psychoanalytische Deutung verfremdet werden. Gleichwohl kann sich
natürlich die Freude am Tagträumen äußern durch Freude am
Abenteuer, Freude an Zärtlichkeit, Freude an Entspannung,
Freude am Erfolg. Laß dir diese Freude nicht zerstören durch
einen Rückbezug deiner Tagtraumhandlung auf irgendwelche
(zu tadelnde) Triebe oder Kindheitserlebnisse. Oft kommen
gerade während der Einleitung solche Gedanken an die Oberfläche des Bewußtseins. Laß dich von ihnen nicht beirren.
Öffne die Kraftquelle deiner inneren Welt. Vermeide in deiner
Einleitung einen Bezug auf psychoanalytische Deutungen oder
Motive. Jeder Tadel, jede Kritik, jede Deutung könnte die
Quellen der Kraft versiegen lassen.

Der Plan für die Einleitung hilft dir nicht nur zwischen Alltag und Tagtraum zu vermitteln, wie du jetzt weißt. Er liefert
dir sogar das Motiv, um von deinem Alltag in deine Tagtraumwelt zu gelangen. Beispiel: Um an mein Tagtraumziel zu gelangen, muß ich mit meinem Tagtraum beginnen. Um mit meinem Tagtraum beginnen zu können, muß ich mein Auszeiteingangsritual durchführen. Um mein Auszeiteingangsritual
durchführen zu können, muß ich mich an einen Ort begeben,
an dem ich ungestört tagträumen kann ...

Mit der Kraft aus der Erwartung deiner konkreten Tagtraumerlebnisse schaffst du über Motivationsketten etwaige
Einwände beiseite, die sich im Vorfeld deiner Tagträume aufbauen. Mit Einwänden meine ich die bereits angesprochenen
Sorgen und Ängste, aber auch deine eigene Trägheit und Bequemlichkeit. Der Plan deiner Einleitung und der Plan deines
Tagtraums räumen aufgrund ihrer klaren Zielstruktur wie ein

Rammbock solche Einwände beiseite. Halte dich an deinen Plan wie an ein Leuchtfeuer in einer klaren Nacht.

Die Tagtraumhandlung planen: Verpack deine Wünsche in faszinierende Phantasieerlebnisse

Mit deinen Tagtraumwünschen besitzt du bereits die wichtigste Grundlage für fruchtbare Tagträume. Erinnere dich an deine Themenliste, und stell dir deinen Lieblingswunsch vor. Faß ihn in einen kurzen, aber prägnanten Satz:

»Situationen des Glücks in einem gesunden Körper ohne Nikotin und Alkohol«
oder
»Ich als glänzender Mittelpunkt rauschender Feste«
oder
»Meine Erlebnisse als erfolgreicher Arzt in eigener Praxis«
oder
»An Bord des Traumschiffs auf der Reise zum Nordkap«.

Steht dein Lieblingswunsch fest, planst du eine Traumgeschichte mit diesem Wunsch als Mittelpunkt. Du tust das in Form einer Phantasie – deines Traumhandlungsplans. Die Tagtraumgeschichte ist dann der Rahmen, in den du deinen Wunsch faßt. Geh folgendermaßen vor:

Deine Wünsche, so wie sie auf deiner Wunschliste geschrieben stehen, bilden zunächst nur das Gerüst deines Tagtraumplans. Dieses Gerüst bestückst du nun mit Angaben über die Länge deines Tagtraums, mit dem Wissen über Handlungszusammenhänge, mit dem Wissen über die in deinem Tagtraum vorkommenden Gebrauchsgegenstände und mit den Rollen, die den Tagtraumpersonen zukommen. Auf diese Weise werden um deinen Wunsch herum die groben Strukturen der Handlung aufgebaut. Am besten nimmst du ein Blatt Papier und schreibst das Thema deines Tagtraums in die Mitte. Um das Thema herum notierst du alles, was du mit dem Thema verbindest.

Allerdings läßt sich kein Tagtraum in allen Einzelheiten planen. Sobald er angelaufen ist, entwickelt jeder Tagtraum um die in seinem Plan vorgesehene Traumachse ein Eigenleben, das dir erlebensmäßige Kostbarkeiten zuführt. Geh mit einer liebevollen Einstellung zu dir selbst an den Aufbau deines Tagtraumplans.

Überleg dir auch, was du loslassen und was du ergreifen willst. Notier es auf dem Blatt neben deinem Tagtraumthema. Ruf dir den Zweck deines Tagtraums in den Sinn. Laß zu, daß sich aus deinem Wunsch eine Geschichte entwickelt.

Schreib dir deinen Handlungsplan stichpunktartig auf:

- Wie soll deine Tagtraumwelt aussehen? Willst du sie auf eine Wohnung begrenzen? Soll sie eine ganze Stadt umfangen, einen ganzen Kontinent, einen ganzen Planeten? Spielt sie sich an einem Strand ab? Oder in den Bergen? Oder gar auf einer Raumstation oder in einem Unterseeboot?
- Soll eine konkrete Handlung ablaufen? Beispielsweise eine Liebesgeschichte, eine Erfolgsstory, ein Märchen, ein Krisen- oder Weltuntergangsszenario?
- Oder soll die Traumwelt ganz einfach nur erholsam sein? Sollen andere Menschen Teil deiner Tagtraumwelt sein? Wenn ja, welche?

Sollen es bekannte und vertraute Personen sein oder fremde? Sollen es reale Personen sein oder Phatasiepersonen?

Aus diesen Daten fügst du nun deine Tagtraumhandlung zusammen.

Wenn beispielsweise dein Tagtraum als Thema »Eine Wanderung mit meinen Freunden in der Wildnis der Rocky Mountains« haben soll, dann kannst du eine Handlung planen, deren zentrales Thema sich aus drei Strängen zusammensetzt:

1. die Beschreibung der vorgesehenen Wanderroute
2. die Beschreibung deiner Freunde
3. die Schilderung einer Geschichte, in die ihr auf eurer Wanderung verwickelt werdet.

Suchst du dagegen pure Erholung, dann kann deine Tagtraumhandlung durchaus darin bestehen, daß du für eine Stunde unter einem Felsvorsprung im tiefverschneiten Wald sitzt und dem Tanz der Schneeflocken zusiehst.

Der Handlungsplan für letztere Tagtraumsituation ist daher auch denkbar einfach: *Ein Felsvorsprung auf einer kleinen Anhöhe irgendwo im tiefverschneiten Wald. Unter dem Felsvorsprung sitze ich. Graue, stellenweise mit Eis und gefrorenem Moos überzogene Felswände neben und hinter mir. Vor mir fallen Schneeflocken tanzend zu Boden. Der Wald vor mir ist grauweiß, kalt, verlassen, aber irgendwie schön. Mein Blick verliert sich zwischen dem Weiß der tanzenden Schneeflocken und dem Dunkelgrün der mächtigen Tannen. Ich fühle mich wohl. Alles wird gut!*

Sei während der Aufstellung des Tagtraumplans ganz besonders warmherzig zu dir. Versuch diese angenehme, interessierte Haltung intensiv zu spüren, ohne sie absichtlich auszulösen. Spür dein großes Interesse an dir, denn du bist die Hauptperson. Für deinen Tagtraum kannst du später niemanden zur Verantwortung ziehen, außer dich selbst!

Betrachte die übriggebliebenen Begriffe auf dem Blatt Papier. Was fällt dir dazu ein? Laß dich einfach treiben. Folge dem Strom deiner Gedanken, wie er langsam eine neue Geschichte formt, und notier dir Stichpunkte. Falls dir nur nackte Begriffe in den Sinn kommen, ohne Ablaufstruktur, ohne Handlung, dann formulier diese Begriffe um. Finde bedeutungsgleiche oder sinnverwandte Wörter. Oder schreib das Gegenteil von dem auf, was an Begriffen dasteht – und dann vom Gegenteil noch mal das Gegenteil.

Notier dir zu jedem Plan die veranschlagte Dauer deines Tagtraums.

Die Fertigstellung eines Plans vollzieht sich Schritt für Schritt. Ist dein Plan jedoch fertiggestellt, dann kannst du auf die geplante Handlung als auf eine fertig konstituierte Einheit hinsehen. Das heißt, du kannst die fertigen Verhaltensblöcke deines geplanten Tagtraums mit einem Griff fertig ins Bewußtsein nehmen. Dein Tagtraum trägt dann z.B. nicht den Titel: »Neben der Palme aufwachen, im Sand liegen, im Meer baden, am Strand entlangspazieren …«, sondern »Erholung auf meiner Tropeninsel«.

Betrachte deinen fertigen Plan. Was für ein Gefühl hast du dabei? Fühlst du Ruhe in dir aufsteigen? Oder elektrisierende Spannung? Drückt er deine Erwartungen aus, die du bei der Erstellung deiner Tagtraumlisten hattest? Den fertiggestellten Plan solltest du dir gut einprägen. Gib ihm einen Titel, eine Überschrift. Lern die Überschrift auswendig!

Achte darauf, ob der kreative Akt des Planens in dir Schuld- und Angstgefühle auslöst. Schuldgefühle können entstehen aus der Sorge, daß du Zeit für dich reservierst, die eigentlich deiner Familie zusteht, daß du deinen Partner vernachlässigst, daß du in deinen Tagträumen Erlebnisse anstrebst, die du im Alltag für unethisch hältst oder die dir peinlich wären. Angstgefühle können entstehen aus der empfundenen Unberechenbarkeit der Tagtraumhandlung oder aus der Angst vor peinlichen Störungen durch die Außenwelt (wenn du beispielsweise den Eindruck erweckst, als würdest du mitten am Tag schlafen, oder wenn du für ohnmächtig gehalten wirst, dir ein Drogenrausch angedichtet wird usw.).

Wenn du Probleme mit Schuld- und Angstgefühlen während deiner Tagträume hast, dann lies das Kapitel »Keine Angst vor der Angst!«, S. 131, und das Kapitel mit den Tagtraumbeispielen, S. 191, gut durch. Notfalls unterbrich deinen Tagtraum und ändere deinen Plan.

Tagträume spielen sich in deiner inneren Welt ab. Du kannst sie frei planen, bist nicht von den Gesetzen der Natur abhängig und wirst nicht von den Regeln der Menschen gegängelt. Aber auch in deiner inneren Welt gibt es Prinzipien, die berücksichtigt werden wollen: Je strenger du dich an deinen Plan hältst, desto undeutlicher werden für dich, vor allem als Anfänger, deine Sinneserlebnisse. Läßt du dagegen deine Tagträume frei laufen (etwa indem du die Kontrolle durch dein Wachbewußtsein einschränkst), dann werden deine Tagtraumsinneserlebnisse klarer und intensiver. Wenn du deine Tagträume am langen Zügel laufen läßt, mußt du jedoch sehr auf der Hut sein, daß dir die Handlung nicht entgleitet oder daß du gar einschläfst.

Wie du Spannung und Leben in deinen Tagtraumplan bringst

Tagträume sollen Freude machen. Sie sollen mitreißend sein, erfrischend, erholsam, faszinierend. Gestalte deinen Tagtraumplan lebendig. Heb Passagen, die Konflikte, Gegensätze oder Widerstände beinhalten, deutlich hervor. Dein Tagtraum darf auf keinen Fall langweilig werden. Flach, langweilig und leblos sind Tagträume, wenn sie keine Passagen beinhalten, die sich auf deine persönlichen Konflikte beziehen. Ein Tagtraum ohne Spannung und Erregung wird dir keine Freude bereiten und nur mit Mühe zu praktizieren sein.

Konflikte entstehen, wenn deine Wünsche auf Widerstände treffen. Du kannst dich hierbei ruhig an den Abläufen deiner Alltagswelt orientieren – nur mit dem Unterschied, daß *du* jetzt Schicksal oder gar Gott spielen darfst: Stürz dich in einen aussichtslosen Kampf, und beweis dir und den anderen Tagtraumfiguren, wie mächtig du bist. Schlüpf in die Rolle des Kapitäns der Titanic, und bewahr das Schiff vor dem Untergang. Verwandle mit deiner Liebe und deinem Charme ein scheußliches Monster in einen bezaubernden Menschen.

Um in deinem Tagtraumplan einen lebendigen Konflikt aufzubauen, solltest du deine Tagtraumfiguren mit unterschiedlichen Zielen ausstatten. Die Figuren sind entschlossen, ihre Ziele zu erreichen. Du kannst natürlich auch Personen in deinem Tagtraum auftreten lassen, die zu dir halten, mit denen du freundschaftlichen, kameradschaftlichen oder gar erotischen Umgang pflegst.

Damit dein Tagtraum nicht aus dem Ruder laufen kann, braucht er einen roten Faden, der alle Teilhandlungen zusammenhält. Diesen roten Faden solltest du dir in Kurzform notieren und Wort für Wort auswendig lernen.

Inhalt und Handlungsverlauf deiner Tagträume müssen immer zusammenpassen. Wenn beispielsweise dein Tagtraum in »Eine Stunde am Strand liegen« besteht, dann kann dein Plan durchaus statisch sein, d. h., es gibt keine Konflikte. Deine Tagtraumhandlung besteht im Auf und Ab der Wellen, im Spiel des Windes mit den Wolken und im Herannahen eines Gewitters, während der Kellner gerade seinen Grill anheizt. Willst du dagegen einen Abenteuertagtraum erleben, dann mußt du drauf achten, daß sich eine spannende Handlung entwickelt, die einem Höhepunkt zustrebt. Versuch die Dramatik zu deinem Ziel hin langsam zu steigern. Bau Szenen ein, die dich kurz vor deinem Ziel beinahe scheitern lassen, obgleich du natürlich weißt, daß du als Herr der Handlung niemals *wirklich* scheitern kannst!

Spannend wird eine Handlung auch, wenn sie Sprünge aufweist. Eine Handlung ist dann sprunghaft, wenn sie auf unter-

schiedlichen Ebenen spielt und trotz einheitlicher Tagtraumwelt unerwartete Brüche auf den einzelnen Ebenen stattfinden. Beispiele dafür sind unerwartete Gefühlsausbrüche der
Tagtraumpersonen, ein Wetterumschwung, der unerwartete
Eingriff einer helfenden Person und allerlei Zufälle.

Ein guter Tagtraum ist ein Kunstwerk aus einem Gespinst
vielfältiger Erlebensfäden. Hier hast du einige wichtige
Zutaten zu einem erfüllenden Tagtraum:

- Detailreichtum
- Wiederholung besonders emotionaler oder interessanter Passagen
- gelegentliche Übertreibungen
- Konflikte, Feinde und Helfer
- eigene Stärken und Schwächen

6

Die Praxis erfüllender Tagträume

Bis hierher bist du dir über deine wahren Wünsche klar geworden, du hast sie in erlebbare Situationen verpackt und daraus Tagtraumgeschichten geformt. Zugleich hast du dich mit
dem Phasenverlauf von Tagträumen vertraut gemacht, hast
die Rolle von Ritualen kennengelernt und dich darin geübt,
deine Gedanken zu beherrschen.

Jetzt solltest du lernen, mit deinen Kenntnissen und Fähigkeiten lebendige Tagträume aufzubauen.

Allerlei Brauchbares für deine Tagtraumpraxis

Jeder Tagtraum bietet dir ungeahnte Reichtümer. Du kannst
glückselige Tagträume während der Hauptgeschäftszeit auf
einer Bank inmitten der belebten Fußgängerzone praktizieren,
auf einer Lichtung im Wald oder während einer unwichtigen
Vorlesung an der Uni. Prinzipiell brauchst du für deine Tagträume nichts weiter als *dich*.

Manchmal ist es jedoch ganz günstig, wenn du das eine
oder andere Utensil zur Hand hast, das dir deinen Tag-
traumbeginn erleichtert, dir zusätzliche Anregungen zu deinem Tagtraumthema gibt oder das dir ganz einfach nur hilft,
die Außenwelt *auszusperren*.

Betrachte die folgenden Vorschläge als Anregungen. Du weißt, *deine* Phantasie entscheidet!

Utensilien, die sich als nützlich herausstellen können:

• Deine Wunschliste und ein Stift
Wenn du deine Wunschliste auswendig gelernt und dann weggeworfen hast, dann notier dir deine Lieblingswünsche in Kürzeln, die für andere Menschen nicht zu entziffern sind. Die Wunschliste brauchst du für die Erstellung deiner Tagtraumentwürfe, also des geplanten Tagtraumablaufs. Du solltest sie problemlos in einer Hosen- oder Jackentasche unterbringen können, um sie mit in den Wald, an den Strand oder ins Restaurant zu nehmen.
• Literatur über dein Tagtraumthema, Bücher, Photographien und Videos
Orientier die Handlung deiner Tagträume ruhig an bereits existierenden Geschichten. Spiel Filmszenen nach. Erleb dich im Handlungsfeld eines Romans, und überleg dir, was du an Erfahrungen mit in den Alltag nehmen kannst. Schmück sowohl deinen Tagtraumort als auch deine Tagtraumwelt mit Details, die einen thematischen Bezug zu deinem Tagtraumstoff haben.
• Eine Musikquelle
Besorg dir für deinen Tagtraumort einen Kassettenrecorder, einen CD-Player oder einen Schallplattenspieler. Mit einer Klang- und Schalluntermalung kannst du besonders in oberflächlichen Tagträumen das richtige Situationsgefühl hervorrufen. Wenn du deine Tagträume an belebten oder lauten Orten praktizierst, dann besorg dir einen kleinen Walkman mit guten Kopfhörern.
• Düfte, Parfüms, Seifen
Der Geruchssinn steht in einem sehr ursprünglichen Zusammenhang mit dem Situationserleben. Gerüche können

vor deinem geistigen Auge ganze Erlebensbereiche entstehen lassen (beispielsweise wenn dich der Geruch nach Erde an die Herbsttage deiner Kindheit erinnert, als dein Schulweg an frisch gepflügten Feldern vorbeiführte).

- Eine Kleinigkeit zum Essen und Trinken
Besonders bei langen Tagträumen, die du in Etappen träumst, ist ein kleiner Snack in deiner Tagtraumpause eine willkommene Abwechslung. Oberflächliche und leichte Phantasien kannst du sogar während des Essens tagträumen (beispielsweise bei einem Käsebrot und einer Thermoskanne Tee auf dem verlassenen Jägerstand im Wald).

- Reisebücher und Unterlagen von Reisen, die du gemacht hast, und von Reisen, die du planst
Die Vorfreude auf eine Reise kann eine enorme Kraft mobilisieren, die dich wie von selbst in einen Tagtraum mit dem Thema »Mein nächster Urlaub« befördert.

Die vorgeschlagenen Utensilien sollen dir helfen, leichter in deine Tagtraumwelt zu gelangen. In ihrem Zusammenwirken am Tagtraumort erleichtern sie es dir, dich zu entspannen und eine freudige Erwartung auf kommende Tagtraumerlebnisse aufzubauen. (Siehe dazu auch »Orte, an denen du dich wohl fühlen und entspannen kannst«, S. 62)

Tagtraumpläne in packende Erlebnisse umsetzen

Die absolute Leere ist eine Art Niemandsland zwischen deiner Alltagswelt und deinen Tagtraumwelten. Erinnerst du dich an deine Wunschliste? Jetzt kannst du sie mit Leben erfüllen!

Du hast gelernt, deine Wünsche in konkrete Tagtraumhandlungen zu verpacken. Zu diesen Tagtraumhandlungen hast du dir Pläne überlegt und sie mit Überschriften versehen. Du solltest deine Tagtraumpläne sowie die zugehörigen Überschriften auswendig kennen. Wie du aus deiner Alltagswelt in den Zustand der absoluten Leere gelangst, weißt du inzwischen. Doch wie gelangst du aus deinem Zustand der absoluten Leere in eine deiner Traumwelten? Mit anderen Worten: Wie startest du deine Tagtraumerlebnisse? Betrachte die Liste deiner Wünsche und die dazugehörigen Handlungspläne. Alle deine Traumwelten haben neben einer Ablaufs- und Handlungsstruktur auch eine Umweltstruktur. Und eben bei der mußt du bei deinem Einstieg in dein Tagtraumerleben beginnen!

 Beim Start in deine Tagtraumerlebnisse ist folgende Vorgehensweise die sinnvollste:

1. Erschaff dir zunächst eine feste räumliche Tagtraumumgebung. Beginne bei den räumlichen Gegebenheiten, die dich unmittelbar umgeben: ein Stuhl, eine Liege am Strand, ein Boot auf einem See, ein Hotelzimmer mit geöffneten Fenstern, eine Postkutsche.
2. Form als nächstes deinen Tagtraumkörper, mit dem du in dieser Tagtraumumgebung handeln willst. Fühl seine Schwere. Beweg deine Tagtraumgliedmaßen. Sieh dich an.
3. Laß die im Tagtraumhandlungsplan entworfene Situation anlaufen. Als sehr hilfreich im Sinne des *Anschubs* einer Tagtraumhandlung hat sich die Wiederholung der Einleitung bewährt. Meist kannst du dann stufenlos zur eigentlichen Tagtraumhandlung übergehen.
4. Erschaff andere Personen, die mit dir die Tagtraumwelt bevölkern sollen. Laß die zauberhaftesten Menschen zur Tür hereinkommen. Erspäh sie beim Blick aus dem Fenster. Sieh dich um, und stell fest, daß sie sich bereits im Raum befinden.

Diese Gedanken wollen wir nun mit Übung 7 in die Praxis umsetzen.

Übung 7: Hinein ins Abenteuer!

Begib dich wieder an deinen Tagtraumort, leg dich hin und entspann dich. Führ dein Auszeiteingangsritual durch. Geh die Einleitung zu deinem geplanten Tagtraum, den du inzwischen auswendig kennen solltest, noch einmal durch. Starte dein Leereritual. Du bist nun im Niemandsland zwischen Alltags- und Tagtraumwelt. Du denkst nichts, du spürst nichts, du weißt nichts. Nur ganz am Rande deines Denkens hast du das Thema deiner kommenden Traumhandlung abgelegt.

Aus dieser Leere heraus erzeugst du auf der Grundlage deines Tagtraumhandlungsplans (du hast ihn während der Leere stichpunktartig am Rande deines Bewußtseins aufbewahrt) die Grundlage für *die* Traumwelt, auf der dein Tagtraumgeschehen ablaufen soll. Alle Parameter der Tagtraumhandlung, wie z. B. die räumlichen, zeitlichen und ursächlichen Bedingungen, müssen erst von dir geschaffen werden. Stütz dich zunächst auf deine alltagsweltlichen Erfahrungen. Erst mit zunehmender Praxis beginnt dein Tagtraum seine eigene Aktivität zu entfalten.

Sinnvollerweise beginnst du bei dem Aufbau der räumlichen Umgebung mit einfachen räumlichen Zuordnungen. Wenn sich beispielsweise deine Tagtraumhandlung am Strand einer tropischen Insel abspielen soll, dann spür zuerst den Sand unter deinem Rücken, fühl die warme Sonne auf deiner Haut, und hör die Geräusche der Brandung vor dir. Laß deine Vorstellung so real wie möglich werden. An deiner Tagtraumwirklichkeit darf es keinen Zweifel geben.

Bei deinen ersten Tagtraumexkursionen wirst du erfahren, daß Sehen und Hören in deiner Tagtraumwelt zunächst problematisch ist, daß du anstelle deiner Tagtraumgeräusche Störgeräusche aus deiner Lebens- und Alltagswelt vernimmst und daß du anstelle des Sands unter deinem Rücken nur ein Kitzeln, Kneifen und Drücken spürst. Solche Störungen verlieren sich mit der Dauer und Tiefe deines Tagtraums von allein. Wenn du regelmäßig tagträumst, sind sie bald kein Problem mehr. Jetzt, zu Beginn deiner Übungen, können sie dich jedoch aus deiner Tagtraumwelt herauskatapultieren. Ignorier sie einfach!

Nun stell dir vor, wie du langsam deine Tagtraumaugen öffnest. Die Augen deines Alltagskörpers sollten geschlossen bleiben. Falls sie sich dennoch öffnen, mußt du sicherstellen, daß es im Zimmer absolut dunkel ist. (Zwar kannst du auch lernen, bei Tageslicht mit offenen Augen zu visualisieren, doch das erfordert sehr viel Übung.) Bereits während des Öffnens deiner Tagtraumaugen beginnst du mit dem Aufbau der optischen Vorstellung deiner unmittelbaren Tagtraumwelt. Im Gegensatz zum Sehen in deinem Alltag, das routiniert, automatisch und wie von selbst abläuft, mußt du dir in deiner Tagtraumwelt alle Sinnesempfindungen zunächst vorstellen, bevor du sie hast. Das ist anfangs ungewohnt, schwierig und auch etwas heikel. Wenn du jedoch erst einmal Übung im Erleben deiner Tagtraumwelt hast, dann läuft der Vorgang des Sinnesempfindens deiner Tagtraumwelt wie von selbst ab: Du öffnest deine Tagtraumaugen und kannst sehen.

Achte zunächst auf einfache Strukturen: Ein Stückchen Himmelblau, das Grün der Blätter, der Glanz und das Funkeln der Wasseroberfläche. Je klarer sich eine Vorstellung abzeichnet, desto mehr Freude wird sie dir bereiten. Klare Bilder erzeugen an sich bereits ein Glücksgefühl.

Du hast nun deine Tagtraumaugen ganz geöffnet. Auch jetzt mußt du dir alles, was du siehst, zunächst vorstellen. *Stell dir also vor, daß du am braunen Stamm einer Palme hochsiehst, mit deinem Blick an den grünen, sich im Wind bewegenden Blättern entlangfährst, um dann im Blau des Himmels einige Zeit zu verweilen.*

Wichtig ist, daß du *zuerst* deine Tagtraumumwelt aufbaust, bevor du mit einer Tagtraumhandlung beginnst. Du kannst keinen erfüllenden Tagtraum erleben, wenn keine räumlichen, zeitlichen und kausalen Bezugspunkte für deine Handlung existieren. Den zeitlichen und ursächlichen Zusammenhang deiner Tagtraumhandlung sowie seine etwaige Einordnung in geschichtliche Bezüge klärst du in der Einleitung.

Als nächstes bildest du deinen Tagtraumkörper. Das ist relativ einfach, denn wenn du den Sand unter deinem Rücken spürst, dann spürst du deinen Rücken auch. Wenn du die Wellen an deinen Füßen fühlst, dann fühlst du auch deine Füße. Vergewissere dich deines Tagtraumkörpers. Sieh ihn an. Schüttle ihn. Dehn dich und geh einige Schritte am Strand entlang.

Nun kannst du mit deiner Tagtraumhandlung beginnen: *Laß hinter dem Dickicht aus tropischen Pflanzen, dort, wo die Hotelbar liegt, Stimmen ertönen und bald darauf einen Kellner mit einem Tablett voller leckerer tropischer Cocktails hervortreten. Laß dir eines der Getränke anbieten. Setz dich an den Pool zu den anderen Urlaubern, und beginne ein Gespräch.*

Wenn du wieder in deine Alltagswelt zurückkreisen willst, dann lösch die Eindrücke des Sands, der Brandung, der Palme und des Himmels. Stell wieder die vollkommene Leere her. Meist geht das sehr leicht – als Anfänger mußt du nur in deiner Konzentration auf die Tagtraumwelt nachlassen und das Leereritual durchführen. Dann stell dir vor, wie dein Körper zu Hause im Bett liegt. Flieg hin zu ihm, und schlüpf hinein. Beweg vorsichtig deine Gliedmaßen, führ dein Tagtraumausgangsritual durch, schüttle und dehn dich und steh auf!

Der Zwischenschritt von der Tagtraumwelt zur Leere und von der Leere in deine Alltagswelt ist notwendig. Ohne diesen doppelten Übergang von der Tagtraumwelt zur Leere und von der Leere in deine Alltagslebenswelt würdest du dir die Möglichkeit zu wirklich tiefen und befreienden Tagtraumerlebnissen verbauen. Bei längerem Üben wird dir diese Tagtraumabschlußtechnik zur Routine und verliert für dich ihre Kompliziertheit. Sie ist dann ebenso einfach und selbstverständlich durchzuführen wie das Einrasten des Lenkradschlosses und das Absperren der Wagentür am Ende einer Autofahrt.

7

Wenn Probleme in deinem Tagtraum auftauchen

Nicht immer verläuft alles glatt und nach Plan

Auch wenn du die Tagtraumhandlung um einen Wunsch herum konstruierst und sie im Handlungsplan festlegst, nehmen Situationsverläufe oft typische (im Alltagsleben gelernte oder anerzogene) Verlaufsformen an. »Ich habe kein Glück mit ...« oder »Immer wenn ich ... dann ...« sind solche typischen Verlaufsformen, die in deinem Tagtraum als Widerstände auftreten können. Sie schleichen sich auch in die Struktur deiner Tagtraumhandlung ein und führen zu einer Reihe von Stolpersteinen in deiner Tagtraumwelt, beispielsweise in Form eingefahrener Ablaufstrukturen von Situationen, Abweichungen deiner tatsächlichen Tagtraumwelt von deinem Tagtraumplan, unerwarteter Reaktionen deiner Tagtraumpartner oder dem plötzlichen Versagen deiner in der Einleitung festgelegten Annahmen bezüglich deiner Tagtraumumwelt.

Was machst du in solchen Situationen? Wenn du z. B. den Tagtraum wiederholt beginnst und immer an derselben Stelle scheiterst, beispielsweise an einer scheinbar unüberwindlichen Schlucht? Um die Schlucht zu überwinden, könntest du versuchen, eine Brücke zu finden, dir eine Brücke bauen, eine Brücke herbeizaubern, jemanden fragen, was du tun kannst, ganz einfach in die Schlucht springen oder deinen Tagtraum abbrechen.

Aus dieser Aufzählung lassen sich bereits die grundsätzlichen Reaktionen auf Probleme in deiner Tagtraumwelt ableiten. Sie sind von einer Vielzahl von Personen erprobt:

- Du kannst mit den Mitteln deiner Alltagswelt das Problem lösen. Wenn beispielsweise vor dir eine rote Ampel auftaucht, dann kannst du ganz ruhig warten, bis die Ampel auf Grün schaltet.
- Oder beseitige das Problem auf magische Weise. Die magische Herangehensweise, beispielsweise das Herbeizaubern einer Brücke oder die Umstellung der Ampel mit Gedankenkraft auf Grün, bringt jedoch die Ursache des Problems nicht zum Verschwinden, sondern verpackt es nur in eine neue Erscheinungsform. Meistens stellen sich dir neue Hindernisse in den Weg. Möglicherweise hat die Brücke in der Mitte ein Loch oder sie ist gesperrt oder es taucht bald eine neue rote Ampel auf.
- Du kannst in deinem Wissensvorrat nach der Ursache des Problems fahnden, z.B. indem du dir in deinem Tagtraum einen Menschen vorstellst und ihn fragst. Frag auch Tiere, Pflanzen und Steine. Erschaff dir einen allwissenden Geist, den du in schwierigen Situationen herbeirufen kannst.
- Oder streb eine Gewaltlösung an. Spring in die Tiefe! Zwar weicht dann dein Tagtraumablauf gravierend von deinem Plan ab, oftmals jedoch verschwindet bei spontanen Entschlüssen unmittelbar das Hindernis, und du hast die Möglichkeit, das Erlebte in eine neue Tagtraumplanung einfließen zu lassen. Meist kommst du so zu sehr kreativen und beflügelnden Tagtraumlösungen.
- Eine radikale Methode, mit Tagtraumproblemen umzugehen, ist es, deinen Tagtraum zunächst abzubrechen, um deinen Tagtraumplan zu ändern (erschaff dir beispielsweise

einen Ritter, der den Drachen vor dem Höhleneingang besiegt). Mit dem geänderten Plan startest du deinen Tagtraum erneut.

- Du kannst Hürden und Begrenzungen in deinem Tagtraum auch einfach ignorieren. Besonders Zweifel, die sich vor einer Entscheidungssituation aufbauen (Soll ich an der unerwarteten Abzweigung auf dem Gebirgspfad nach rechts oder nach links gehen?), verschwinden nach der Entscheidung von selbst.

Meist ist es nicht gut für die Spontaneität deiner Tagtraumhandlung und die Ausbeute an neuen Ideen, wenn du alles planst. Gib dich ruhig auch einmal deinem Tagtraum hin. Laß ihm seinen eigenen Rhythmus. Dies ist vor allem dann wichtig, wenn du in einem erholsamen Tagtraum bist. Stell die richtige Mischung her zwischen Planen und Laufenlassen. Du wirst die richtige Mischung mit zunehmender Erfahrung finden.

Wenn du *Panik* bekommst, weil sich deine Tagtraumhandlung plötzlich in eine Richtung wendet, die du nicht eingeplant hast, dann unterbrich deinen Tagtraum, und erstell einen neuen Plan, der an den fraglichen Stellen neue Elemente enthält. Emotionale Unausgewogenheit macht einen Tagtraum langweilig, für dich unglaubwürdig und daher uninteressant. Achte auch auf eine Ausgewogenheit von packenden und beruhigenden Episoden. Versuch ein Gleichgewicht zu finden zwischen Anspannung und Entspannung. Gib dich dem Fluß deines Tagtraums hin, versuch aber zugleich die Kontrolle über dein Erleben zu behalten. Du bist der Regisseur. Fühl dich wie bei einer Wildwasserfahrt mit einem Kanu. Gib dich den wilden Kräften deiner Natur hin, greif aber immer wieder mit Voraussicht steuernd ein.

Wenn du längere Tagträume durchführen willst, dann teste einzelne Episoden deiner Tagtraumhandlung erst einmal an Kurztagträumen. Im Zweifelsfalle solltest du deine Tagträume lieber etwas kürzer gestalten.

Wenn du bereits bei der Aufstellung deiner Tagtraument-würfe große Probleme hast, weil du *Widerstände* an bestimmten Stellen spürst, dann achte einmal darauf, ob du nicht in deinem Alltag gerade auf solche Widerstände konditioniert wirst oder dich selbst dazu erziehst. Wenn es beispielsweise in deiner Lebenswelt eine Person gibt, die dich kontrollieren will, etwa dein Partner, ein Familienmitglied, dein Chef, dann darfst du diese *Kontrolle* in deinen Tagträumen auf gar keinen Fall zulassen. Verbanne die betreffenden Personen zunächst aus deinen Tagträumen – und am besten auch gleich aus deinem ganzen Leben. Im nächsten Abschnitt wirst du lernen, wie du systematisch gegen solche Widerstände und Zwänge angehen kannst.

In deinem Tagtraumablauf kann es immer wieder zu Phasen eines kurzen *Erinnerungsverlusts* kommen. Erinnerungs-verluste treten vor allem dann ein, wenn dein Tagtraumzu-stand sehr tief war und du die Tagtraumhandlung entweder nicht bis an das im Plan vorgesehene Ende geträumt hast oder wenn du in entscheidenden Elementen von deinem Plan abge-wichen bist. Genereller Gedächtnisverlust spricht dafür, daß du während deines Tagtraums eingeschlafen bist. Hüte dich davor. Wenn du öfters während deiner Tagträume einschläfst, solltest du deine Tagträume kürzer gestalten. Stell einen Wecker. Es ist besser, vom Weckergepiepse gestört zu werden, als einzuschlafen.

Je ungeübter du bist, desto strenger solltest du dich zunächst an deinen Tagtraumplan halten.

Auch ich habe zuweilen Probleme bei der Umsetzung meiner Tagtraumentwürfe. Manchmal will das Tagtraumgeschehen nicht so ablaufen, wie ich es mir vorgenommen habe. Relativ häufig verstricke ich mich gefühlsmäßig in die Tagtraumhand-lung, sie geht mir zu nahe, im Schlechten wie im Guten. In sol-chen Fällen hilft es, wenn ich mir bewußtmache, daß ich tag-träume (und nicht im Alltagsleben bin) und daß *ich* der Herr meiner Tagträume bin. Sobald ich merke, daß mir eine Situation weh tut (beispielsweise weil ich bei einem Tagtraumspaziergang durch den Wald plötzlich vor einem Abfallhaufen stehe), verringere ich die Tagtraumtiefe und sage mir: »All das ist nur das Thema eines Tagtraums.« Natürlich mache ich mir bei der Nachbereitung meiner Tagträume Gedanken darüber, warum es zu Problemen dieser Art kam (etwa warum in meinem Tagtraumwald Müll herumliegt).

Keine Angst vor der Angst!

Angst vor dem Tagtraum?

Mit einem Tagtraum zu beginnen heißt, für einige Zeit die gewohnte Welt loszulassen. Damit riskieren wir mit jedem Eintritt in die Tagtraumwelt einen Zeit- und Kontrollverlust in unserer Alltagswelt. Jeder Kontrollverlust macht uns Angst. Hast du Angst, daß die Welt untergeht, während du dich in einem Tagtraum befindest? Daß du etwas Wichtiges in deiner Alltagswelt versäumst, daß deine Familie leidet, dein Büro im Chaos versinkt und einmalige Chancen an dir vorüberziehen? In solchen Fällen überlegst du dir, ob es überhaupt notwendig ist, die ganze Tagtraumeinführungsprozedur wie etwa die Auszeitrituale oder den Kunstgriff der absoluten Leere durchzuführen. Du suchst nach einer Ausrede, um mit deinem Tagtraum gar nicht erst beginnen zu müssen. Du überlegst dir, ob es nicht einfacher wäre, ein gutes Buch zu lesen, ins Kino zu gehen oder eine Schlaftablette zu nehmen. All das sind Ausreden!

Du brauchst weder für den Inhalt noch für den Handlungsablauf deines Tagtraums von außenstehenden Personen eine Erlaubnis. Die oder der Erlaubende bist einzig und allein du! Ebenso gehören Schüchternheit und Schuldgefühle nicht in deine Tagtraumwelt, außer wenn Schüchternheit und Schuld Teil der eigentlichen Tagtraumhandlung sind. Hast du das Gefühl, daß du einige Dämonen in dir hast, die dir Handlungen diktieren oder Schuldgefühle einreden? Dann versuch deine Schuldgefühle in einen Ursachen-Wirkungs-Zusammenhang zu bringen. Frag dich: »Was hat dieses Schuldgefühl verursacht? Was kann ich tun, um es zu beseitigen?«

Ich habe die Erfahrung gemacht, daß bei mir besonders dann Schuldgefühle auftraten, wenn mir der Sinn meiner Tagtraumziele nicht richtig klar wurde; d. h., wenn ich mir der Sinnhaftigkeit meiner Tagtraumhandlung nicht sicher war. Möglicherweise steht das Motiv »Tagträumen, um sich einen Wunsch zu erfüllen« in Konkurrenz zu anderen Motiven.

Bei Zweifeln vor und während der Tagtraumübungen haben sich folgende Hilfen bewährt:

• Wenn du bei drei aufeinanderfolgenden Tagtraumsitzungen das Gefühl hast, daß du besser etwas anderes tun solltest, als zu tagträumen, dann überleg dir deine persönlichen Vor- und Nachteile, die du vom Tagträumen hast. Ziehe die Aufstellung auf Seite 29 zu Rate.
• Wenn du zu der Schlußfolgerung kommst, daß du Vorteile von den Reisen in die Gefilde deiner Phantasie hast (und daran dürfte kein Zweifel bestehen), dann führ deine Tagträume zunächst gegen etwaige unangenehme Gefühle durch.
• Wenn du zu der Schlußfolgerung kommst, daß Tagträume dein Leben nicht bereichern, kannst du das Buch trotzdem zu Ende lesen, ohne jedoch die Übungen durchzuführen. Leg es dann für einige Zeit zur Seite. Laß das Gelesene in dir reifen.
• Oft hilft es dir auch, wenn du das Gewicht deiner Tagträume erhöhst, indem du sie beispielsweise interessanter gestaltest.

Bei den Schülern unserer Tagtraumgruppe konnte ich immer wieder feststellen, daß ihre Tagtraumentwürfe farb- und phantasielos waren. Mach deine Tagträume bunt. Übertreib ruhig. Laß es »krachen«.

Angst während des Tagtraums?

Es gibt jedoch auch Ängste, die aus einer konkreten Tagtraumsituation heraus auftreten. Was machst du beispielsweise, wenn du mit deinen Tagtraumbildern und Tagtraumgefühlen allein bist? Und was tust du, wenn der imaginative Fluß ins Stocken gerät und deine Tagtraumhandlung in einen Alptraum abzugleiten droht? Wie verhältst du dich, wenn dich Minderwertigkeitsgefühle am Erleben von Glück und Freude hindern?

Analog zu dem Umgang mit Hindernissen, die im Tagtraumverlauf auftreten können, gibt es auch für die Beseitigung von ungeplanter Angst in deinen Tagträumen eine Reihe wirkungsvoller Kompensationsstrategien.

- Flieh vor deiner Angst
  Grenz sie aus. Versteck dich vor ihr. Eine Flucht vor deiner Angst kann zwar kurzfristig problematische Situationen entschärfen. Auf Dauer stärkt sie jedoch deine Ängste und schwächt dich.
- Nähere dich deiner Angst
  Such sie und stumpf dich gegenüber angstauslösenden Tagtraumsituationen ab. In einer Vielzahl von Tagträumen bei den unterschiedlichsten Personen hat sich eine ganz besondere Art von Angstkiller bewährt. Der Kunstgriff war nicht, vor der angstauslösenden Situation zu fliehen, sondern sich ihr immer wieder hinzugeben. Recht schnell verschwindet die Angst und macht anderen Gefühlen Platz: Zorn und Langeweile. Zorn, weil vergangene Ängste nun

unbegründet erscheinen, Langeweile, weil die Situation nichts Neues mehr zu bieten hat. Gib dich deiner Angst hin, bis sie dir langweilig wird.

* Ignorier deine Angst
Wenn du deine Angst ignorierst, dann änderst du zunächst nichts an ihr. Ein dauerhaftes Ignorieren bringt jedoch manche Ängste oder Hemmungen zum Verschwinden.

* Bau dir einen mächtigen Beschützer auf
Wenn du viel tagträumst und in deinen Tagträumen häufig nach neuen Ideen für deine Alltagswelt suchst, können dir Tagtraumfreunde eine große Hilfe sein: Der Vogel, der verletzt auf der Straße lag, und den du wieder aufgepäppelt hast; die alte Frau, der du als Kind die Einkäufe nach Hause getragen hast und die bereits seit vielen Jahren gestorben ist; dein Uropa; der Baum, über dessen Rinde du zuweilen bei Waldspaziergängen zärtlich mit deiner Hand streichst. Versuch ihnen in deinen Tagträumen zu begegnen. Bitte sie um Hilfe. Du kannst dir auch ein reines Phantasiewesen erschaffen: Einen Menschen mit übernatürlichen Kräften, ein persönliches Tier, einen allwissenden Geist. Mach deinen Bündnispartner zu einem mächtigen Freund. Statte ihn mit all den Eigenschaften aus, die dir im Rahmen deiner Tagtraumhandlung wichtig erscheinen.

* Beende den ganzen Tagtraum, wenn es zu unangenehm für dich wird.

Angst kann in deinen Tagträumen durchaus auch positive Aspekte haben. Sie zwingt dich zu einer Beschäftigung mit dem fraglichen Thema. Sie macht wach. Und sie schärft die Sinne. Sie stellt ein höchst kraftvolles »Weil-Motiv« dar: »Weil ich mich vor der Prüfung fürchte, werde ich in meinen Tagträumen alle möglichen Prüfungssituationen durchspielen und die Ergebnisse in meine Prüfungsvorbereitungen einbeziehen.« »Weil ich an Flugangst leide, werde ich in meinen Tagträumen immer wieder in Flugzeuge steigen und aus dem

Fenster beobachten, wie Häuser, Straßen und Felder immer kleiner werden – so lange, bis ich keine Flugangst mehr empfinde.«

Ängste systematisch auflösen

Die Methode der systematischen Auflösung von Ängsten besteht darin, angsterzeugende Situationen im Wechsel herbeizuführen und zu meistern. Von Durchgang zu Durchgang schleift sich die Angst ab, wird kleiner, löst sich auf. Zum Abbau chronischer Ängste hat sich die Methode der systematischen Auflösung von Ängsten im Rahmen meines Tagtraumprogramms bereits bestens bewährt. Sie empfiehlt sich jedoch nur für Tagträume und nicht für das Alltagsleben.

In deinem Tagtraum kannst du deine Angst am besten überwinden, wenn du sie direkt angehst und dich mit ihr beschäftigst. Tu so, als wäre deine Angst eine Person. Tagträume dich in die vom Vollmond beschienene Waldlichtung und ruf deine Angst herbei. Überleg dir Situationen, die du fürchtest. Konstruier dir um deine Angst herum ganze Tagtraumserien und durchleb sie. Dir wird nichts geschehen, im Gegenteil: das Fehlen von Konsequenzen aus solchen bewußt eingeleiteten angstauslösenden Tagträumen wird deine Angst schwächen. Laß mit dir das Schlimmste geschehen, das du dir vorstellen kannst. Sei dir dabei immer bewußt, daß dir nicht *wirklich* etwas geschehen kann. Setz deine Tagtraumhandlungen, die um das Thema Angst kreisen, so lange fort, wie du Angst empfindest. Meist hast du deine Angst dann überwunden, wenn dir die zugrundeliegende Situation langweilig wird.

Versuch aus deiner Angst immer etwas Positives abzuleiten. Wenn du bis jetzt Angst vor Spinnen hattest, dann beschäftige dich in deinen Tagträumen so lange mit Spinnen, bis du sie in deinem Tagtraum über die Hand krabbeln lassen kannst. Vielleicht probierst du auch einmal in deinem Alltagsleben, wie sich eine Spinne anfühlt?

Und wenn du Angst vor großen Höhen hast, dann stell dich in deinen Tagträumen vor einen Abgrund. Blick hinab. *Siehst du, wie sich weit da unten das Bächlein zwischen den grauen Felsblöcken hindurchwindet? Siehst du, wie klein von hier oben die Tannen erscheinen?* Wag dich von Tagtraum zu Tagtraum näher an den Abgrund. Wähl hierfür Kurztagträume. *Und nun schnall dir einen Fallschirm um, und spring hinab in die luftige Tiefe. Was empfindest du? Hast du Angst? Spring wieder hinab. Und wieder. Und wieder. Genieß deinen Flug. Erleb, wie von Flug zu Flug deine Angst abnimmt. Schließlich wird sie nebensächlich und du vergißt sie.* Vielleicht unternimmst du auch in deinem Alltagsleben einen Sprung mit einem Fallschirm oder einen Flug mit einem Heißluftballon? (Siehe auch »Phobien überwinden«, Seite 196.)

Die Methode der systematischen Auflösung von Ängsten besteht aus zwei Stufen:

1. Erzeugung einer Anspannung, beispielsweise die Annäherung an den Abgrund und der Sprung nach unten, gefolgt von der
2. Herstellung einer Entspannung, beispielsweise der beglückende Flug und die sichere Landung auf der mit Blumen übersäten Bergwiese am Fuße des Abgrunds.

Geh nicht planlos in deine Angstgefühle. Belohn dich immer mit einer Schwächung deiner Angst. Probleme und Angstgefühle müssen am Ende eines Tagtraums abgebaut werden, sonst kommt es nicht zu einer Verminderung der Ängste, sondern zu einer erneuten Traumatisierung. Denk nach jedem Tagtraum zur Auflösung von Ängsten darüber nach, was du erreicht hast.

Wenn du bei deinen Tagträumen zur Beseitigung von Ängsten große Gefühlsschwankungen verspürst, etwa einen mehrmaligen Wechsel zwischen panischer Angst und bombastischem Hochgefühl, dann mach deine Angstübung weiter, bis auch das Hochgefühl tiefer stiller Freude weicht. Im Rahmen meiner eigenen Tagtraumerlebnisse habe ich immer wieder die Erfahrung gemacht, daß ein Hochgefühl zwar den Sieg über eine Angst einläutet, zugleich aber auch anzeigt, daß man noch nicht ganz über dem Berg ist.

Hol immer und immer wieder den Bodensatz deiner Erfahrung hoch. Verarbeite ihn. Lös ihn auf. Verdau ihn, und laß Neues daraus entstehen.

Sei auch bereit, in deinem Alltagsleben deine Angst zu bekämpfen.

Es bleibt nicht aus, daß du in deinen Tagträumen auch Enttäuschung und Traurigkeit erlebst. Enttäuschung, weil du in deinem Alltagsleben nicht der erfolgreiche Typ bist, als der du dich in deinen Tagträumen erlebst. Trauer, weil du in deinen Tagträumen erfährst, wie sich dein Leben hätte entwickeln können, wenn du dich in den entscheidenden Situationen deiner Vergangenheit anders entschieden hättest. Tröste dich. Gerade deine Tagträume sind dazu da, dir Erlebnisse zu schenken, die dein Alltagsleben nicht für dich bereithält. Übersieh auch nicht, daß Tagträume kein exaktes Abbild der Wirklichkeit liefern.

In deinen Tagträumen brauchst du keinen Schmerz zu erleiden, außer du willst es.

8

Wie du die Klarheit und Echtheit deiner Tagträume steigerst

Die ersten Schritte in das Reich deiner Tagtraumphantasien waren geprägt von dem Aufspüren deiner eigentlichen Wünsche, dem Aufbau eines Tagtraumorts und dem Bereitstellen von Zeitspannen für deine Tagträume. Du hast dich in der Kunst der Gedankenbeherrschung geübt, Rituale entworfen, Tagtraumpläne aufgestellt und auch schon erste Erfahrungen in »oberflächlichen« Tagträumen gemacht. Wir bezeichnen Tagträume dann als oberflächlich, wenn sie ohne intensive Beteiligung deiner inneren Sinnesorgane ablaufen, also wenn du deine Tagtraumhandlung nicht klar mit deinen Tagtraumaugen siehst, nicht richtig mit deinen Tagtraumohren hörst und sie nur verwaschen mit deinem Tagtraumkörpergefühl spürst. Auch die Handlung der oberflächlichen Tagträume kann dramatisch, spannend, wertvoll oder erholsam sein. Dennoch ähneln oberflächliche Tagträume eher intensivem Denken als alltäglichem Erleben. Du hast mehr von deinen Tagträumen, wenn du sie möglichst realistisch gestaltest. Schärf deine Tagtraumsinne! Steigere deine Tagtraumsehfähigkeit, und *erblick* die Steine auf deinem Lebensweg. Verfeinere dein Tagtraumgehör und *versteh*, was der weise Druide dir sagen will. Vervollkommne dein Tagtraum-Wahrnehmungsempfinden, und *spür*, wie du dich in der Alltagsgegenwart des ersehnten Partners fühlen würdest.

Die häufigsten Schwierigkeiten beim Aufbau tiefer Tagträume

Der Einstieg in die eigentliche Tagtraumhandlung mit dem Aufbau intensiver Sinneserlebnisse gleicht dem Überschreiten einer Grenze. Gerade der Neuling sieht sich oft mit unerwarteten Schwierigkeiten konfrontiert. Du hast dich intensiv auf diesen Moment vorbereitet, dich darauf gefreut, und plötzlich weißt du nicht, wie du in die richtige Tagtraumstimmung kommen sollst. Vielleicht fällt es dir zunächst sogar schwer, jenseits der absoluten Leere überhaupt irgend etwas zu empfinden und zu denken. Laß dich davon nicht abhalten, Tagtraumhandlungen einzuleiten. Wenn dir Tagträume einmal zur täglichen Gewohnheit geworden sind, dann übersteigen sie in bezug auf die Klarheit der in ihnen möglichen Sinnesempfindungen bei weitem deine Erwartungen.

Während deiner Tagträume wirst du immer wieder auf technisch schwierige Passagen stoßen. Ganz besonders problematisch für einen glatten Einstieg in Tagträume sind Langeweile, Unkonzentriertheit wegen Alltagssorgen, körperliche Probleme wie etwa Kopfschmerzen oder eine verstopfte Nase, Ärger, Angst und Frustrationen. Möglicherweise empfindest du auch die gesamte Situation zunächst als absurd oder hast das Gefühl, daß du deine Zeit einfach nur verschwendest. Vielen meiner Freunde aus der Tagtraumgruppe fallen jedesmal gerade dann, wenn sie in die Leere gehen wollen, alle die Arbeiten ein, die in ihrer Lebenswelt noch zu erledigen sind.

Oft hast du gerade als Anfänger nicht nur sehr schwache und unklare Sinneserlebnisse, sondern auch noch Schwierigkeiten, deinen Tagtraumplan in die Praxis umzusetzen. Im schlimmsten Fall erlebst du gar nichts. Manchmal liegst du einfach nur da und langweilst dich. Das ist in Ordnung. Versuch nicht einzuschlafen, und beende deinen Tagtraum ganz regulär. Das nächste Mal wirst du klarere Tagtraumerlebnisse haben.

Nimm dir immer wieder Zeit, und plan anfängliche Fehlschläge mit ein, selbst wenn die Praxis der Tagträume zunächst sehr ungewöhnlich, ja zuweilen auch anstrengend für dich sein mag. Die Grundzüge des Tagträumens lernt man nicht. Vielmehr erfährt man – nach einer Anzahl mehr oder weniger erfolgreicher Versuche –, daß man es *eigentlich schon kann.* Auf diese Weise gibst du deinen Tagträumen allmählich die Form, die sie in der wahren Natur deines Selbst immer schon hatten: Erfahrungen, mit denen du Sonnenschein, Freude, Glück und Erfolg in dein Leben bringst.

Probleme in Form schwacher und verwaschener Tagtraumsinnesempfindungen können die Folge eines ungenügenden Loslassens von deinen Alltagsproblemen, von deinen Sorgen über Beruf, Familie und Gesundheit sein. Wenn dich Alltagssorgen bis in den Tagtraum hinein verfolgen, dann ist deine Übung der Leere nicht tief genug.

Mir hat es geholfen, meine Alltagssorgen für die Zeit meiner Tagträume zu vergessen, indem ich sie aufgeschrieben habe. Durch dieses »Parken« meiner Probleme auf einem Zettel haben sie für die Zeit meiner Tagträume ihre aufwühlende Kraft verloren.

Sinnvoll ist auch ein anderer Kunstgriff, der vielen Tagtraumschülern geholfen hat, ihre nagenden Sorgen zum Schweigen zu bringen: Sie machten sie zum Thema eines eigenen Tagtraums. Zwar sollst du deine nagenden und beunruhigenden Sorgen außerhalb deiner Auszeit lassen, weil sie dich bei deiner Konzentration auf das eigentliche Tagtraumthema stören, dich nicht entspannen lassen. Wenn du jedoch versuchen willst, deine Sorgen in deinen Tagträumen einer Lösung näher bringen zu können, dann kannst du sie ruhig (ganz förmlich) auch einmal zum Thema eines Tagtraums machen. Form aus deinen Sorgen eine Tagtraumhandlung. Frag dein Traumtier nach einer Lösung. In vielen Fällen liefern dir deine Sorgen dann sogar die Anregungen zu ihrer Bewältigung.

Schwache Tagtraumsinnesempfindungen können aber auch auf Müdigkeit zurückzuführen sein. Vielleicht möchtest du statt tagträumen lieber schlafen. Dann schlaf. Aber beende zuvor deinen – in diesem Fall handlungsleeren – Tagtraum auf reguläre Weise. Vielleicht hast du für deine Tagträume den falschen Zeitpunkt ausgewählt, ohne dir im klaren darüber zu sein, daß du zu dieser Zeit nicht für Wachphantasien bereit bist. Dann finde günstigere Zeiten für deine Tagträume.

Möglicherweise fühlst du dich auch befangen durch deine Tagträume. Du hast Angst, daß du dir selbst ein Gefängnis baust, daß du dir Vorgaben setzt, bei deren Nichterfüllung du einen Achtungsverlust vor dir selbst erleidest. Bedenk, daß du vor dir selbst immer privat, immer nackt bist. Alle Grenzen und alle Vorgaben stammen von dir. Du kannst sie jederzeit ohne Achtungsverlust beseitigen.

Ein weiterer Grund für Probleme bei tiefen Tagträumen ist die erschreckende Aussicht auf ein Erleben, das dich in die Tiefen deines eigenen Seins führt. Möglicherweise fürchtest du mit unangenehmen Szenen aus deinen Schlafträumen konfrontiert zu werden, oder du hast Angst, daß sich in deinen Tagträumen all die negativen Erlebnisse deines Alltags wiederholen. Sei dir immer im klaren, daß du allein der Spielleiter deiner Tagträume bist. In deinen Tagträumen mußt du nichts erleben, das du nicht erleben *willst*.

Wenn du dich vor deinen eigenen Abgründen fürchtest, dann führ zunächst Kurzzeittagträume und oberflächliche Tagträume durch, und geh erst nach reiflicher Tagtraumerfahrung zu tieferen und handlungsintensiveren Tagträumen über. Lies noch einmal den Abschnitt »Keine Angst vor der Angst!«, S. 131.

Zwing dich jedoch zu nichts. Öffne dich für die Erlebnisse deiner Tagträume, hab aber keine übertriebenen Erwartungen. Freu dich auf die Klarheit und Echtheit eines zweiten Lebens. Geh zwar möglichst Enttäuschungen aus dem Weg, aber plan sie ein. Zu hohe Erwartungen sind immer mit Enttäuschungen verbunden, und Enttäuschungen sind Steine auf deinem Tagtraumweg. Werden sie einkalkuliert, dann richten sie keinen so großen Schaden an. Ganz ohne neue Erkenntnisse wirst du ohnehin keinen Tagtraum beenden. Es geschieht fast immer etwas, wenn du in deine Auszeit gehst. Bleib für jedes mögliche Erlebnis offen!

Gestalte deine Vorbereitungen für Tagträume nicht zu trocken. Mach bereits den Weg in das Land deiner Phantasie zu einem Vergnügen. Freu dich darauf. Spür das elektrisierende Kribbeln im Bauch als Vorboten eines glückselig machenden Erlebnisses. Ein Tagtraumauftakt darf dir nicht wie eine Selbstkasteiung erscheinen. Du hast weder dir noch sonst jemandem etwas zu beweisen. Du mußt nichts erschaffen oder in der Welt verrichten. Tagträume spielen sich in deiner rein privaten Erlebenswelt ab. Ihr ganzer Sinn und Zweck liegt in einem Zugang zur reichen Welt deiner Ideen, deiner Kraft, deiner Phantasien und Freuden.

Sei glücklich! Du arbeitest deine Tagträume nur für dich selbst aus. Also ist Selbstliebe dein oberstes Prinzip. Wenn du dich überforderst, dann riskierst du eine Enttäuschung. Und das ist keine gute Ausgangsposition für deinen nächsten Versuch.

Halte dich an folgende Hilfen, wenn es dir schwerfällt, dich auf deine Tagtraumhandlung zu konzentrieren:

- Sei dir bewußt, daß du es bist, der über die Handlung bestimmt. Sorg für Abwechslung. Laß es ruhig einmal »krachen«.
- Auch Tagträume sind Erlebnisse. Auf der Basis ihres Erlebnischarakters lassen sie sich direkt mit Alltagserlebnissen vergleichen. Bei diesem Vergleich wird dir klar, daß deine Tagtraumerlebnisse oft nur Probleme deiner Alltagserlebnisse widerspiegeln, denn auch im Alltagsleben gibt es un-

klare Situationen, Langeweile und Situationen mit undeutlichem Sinneserleben.

- Geh in Gedanken noch einmal den Weg von deinen persönlichen Wünschen zu deiner Tagtraumhandlung durch. Beseitig alle komplizierten Passagen. Stell einen glatten Handlungsverlauf her.
- Teil unübersichtliche Tagträume in eine Reihe von Schicksalslinien auf, die du getrennt beträumst. Füg diese Schicksalslinien erst bei der Auswertung deiner Tagträume in die große Linie deines Lebens ein (beispielsweise unter dem Aspekt möglicher Ziele deiner Alltags- und Lebenswelt).
- Kürze zu lange Tagträume, verweil bei bestimmten Szenen so lange, bis sie dir selbstverständlich erscheinen.
- Gönn dir ungeplante frei laufende Tagtraumphasen.
- Stell ein ausgewogenes Verhältnis zwischen geplanten und frei laufenden Tagtraumpassagen her.
- Erlaub, daß in manchen deiner Tagtraumsitzungen gar nichts geschieht.
- Mach dir keinen Streß.

Deine Tagträume mit allen deinen Sinnen klar erleben

Während deiner ersten Besuche in deiner Tagtraumwelt läßt die Klarheit deiner Empfindungen sehr zu wünschen übrig. Laß dich davon jedoch nicht entmutigen. Je nachdem, welche Tagtraumtiefe du wünschst und welches Thema du tagträumend durchläufst, stellt sich ein mehr oder weniger klares Sinneserleben ein. Für alle Tagtraumsinnesübungen gilt: je tiefer dein Tagtraumzustand ist, desto intensiver sind deine Sinnesempfindungen. Bezieh also alle Sinne in deine Tagtraumvorstellung ein.

Wenn du durch deinen Tagtraumwald wanderst, dann sieh das vielfältige Grün des Blattwerks, die abwechslungsreichen

Brauntöne der mit Moos bewachsenen Baumstämme, die silbernen Fäden der mit Tau beperlten Spinnweben. Hör das Geräusch des Windes in den Baumwipfeln, den fernen Ruf des Kuckucks und den Klang deiner eigenen Schritte. Fühl die Kühle des Morgennebels auf deiner Haut, riech das Harz der Baumwunden und die Würze des Unterholzes.

Bei aller Intensivierung deiner Tagtraumsinnesempfindungen solltest du dich jedoch vor einer *Falle* hüten: deine Sinnesempfindungen werden auch dann intensiver, wenn du dich dem Schlaf näherst. Doch mit dem Schlaf entgleitet dir die Kontrolle über deine Tagtraumhandlung. Das heißt, aus deiner Tagtraumhandlung wird ein ganz normaler Schlaftraum, der in einen normalen Schlaf übergeht. Je öfter dies geschieht, desto schwerer wird es für dich, während deiner Tagtraumexkursionen wach zu bleiben.

Was machst du, wenn deine Tagträume nicht tief und klar werden wollen? Wenn du zu aufgedreht bist, dann versuch zunächst ruhig zu werden. Brich deine Tagtraumübung ab. Mach etwas Sport, laß etwas Dampf ab – und starte deine Übung von neuem. Am besten koppelst du Sport und Gymnastik genauso wie deine Tagtraumübungen an feste Zeiten. Meide anregende Getränke.

Wenn du dich *nicht konzentrieren* kannst, dann lenk deinen ruhelosen Geist ab. Spiel CDs mit Brandungsgeräuschen, laß ein Gewitter oder Vogelgezwitscher ertönen. Ein Mittel, das bei vielen Menschen geradezu Wunder wirkt, ist eine Fahrt in einem öffentlichen Verkehrsmittel kreuz und quer durch die Stadt. (Siehe auch: »Tagtraumvorschläge: Die Nebenbei-Durchführbaren«, S. 167). Wenn du dich gar nicht in deine Tagtraumwelt einfinden kannst, dann frag dich, was dich zurückhält und ob es Gefühle oder Erinnerungen gibt, denen du aus dem Weg gehst.

Unendlich *erholsam*, wenn auch die Ausnahme, sind Tagträume in der Natur; egal ob auf einem Jägerstand im Wald, in einer Höhle, auf einem Hochplateau oder zwischen zerklüfteten Felsen am Meer, umhüllt vom Geräusch und vom Nebel der Brandung.

Zur Steigerung der Klarheit von Tagtraumexkursionen haben sich in meiner Tagtraumgruppe eine Reihe von Kunstgriffen und Einstellungsänderungen bewährt:

- Achte bereits in deinem Alltagsleben auf die Schönheit der Formen und Farben. Interessier dich für die Klarheit und Präzision von Tönen und Geräuschen. Präg dir typische Bewegungsabläufe ein, beispielsweise die Bewegung von Bäumen im Wind, den Gang von Menschen, das Dahinfließen eines Bachs. Betrachte einen kurzen Bewegungsablauf, schließ die Augen, und laß die soeben gesehene Bewegung vor deinem inneren Auge ablaufen.
- Wähl zunächst einfache Situationen für deine Tagträume.
- Starte deine Tagtraumhandlung mit einer Standarderöffnung (beispielsweise dem Öffnen einer Tür, dem Aufklappen eines Bildbands).
- Denk dir Standardumgebungen aus, die du bis zur Perfektion übst und die du immer wieder in deine Tagträume einflichtst (beispielsweise eine ganz bestimmte Häuserzeile, ein Gebirge mit schneebedeckten Gipfeln vor blauem Himmel, ein im Wind wogendes Kornfeld).

Übung 8: Dein Hier-und-Jetzt-Gefühl stärken

Wenn du dich in deinem Alltagskörper in Alltagssituationen befindest, dann hast du immer ein mehr oder weniger deutliches Gefühl, daß die Welt um dich herum real ist und daß du real bist: »Ich bin hier, und ich befinde mich im Jetzt.« Diese Empfindung bezeichne ich als das Hier-und-Jetzt-Gefühl. Ein deutliches Hier-und-Jetzt-Gefühl läßt dich nicht nur deine All-

tagswelt bewußter erleben, sondern verleiht auch deinen Tagtraumerlebnissen mehr Realität.

Üben kannst du dein Hier-und-Jetzt-Gefühl, indem du
dich bemühst, alle Alltagsverrichtungen in deiner Alltagswelt so bewußt wie nur irgend möglich zu erleben. Halte
immer wieder für einen kurzen Augenblick inne und werde dir
klar: »Ich befinde mich jetzt gerade in der einmaligen Situation meines aktuell seienden Hier-und-Jetzt.« Das regelmäßige
Bewußtwerden des Hier-und-Jetzt, bis es zur Gewohnheit
wird, ist die Fortsetzung der Übung des kontinuierlichen Bewußtseins von Seite 81.

Übertrag dieses Gefühl des Hier-und-Jetzt in deine Tagträume. Mach dir aber klar, daß in deinen Tagträumen die
räumliche Umgebung und die auftretenden Menschen sowie
dein Körper ganz anders aussehen können als in deiner Alltagswelt. Die hohe Kunst des Hier-und-Jetzt-Gefühls erhöht
den Realitätsgrad deiner Tagträume. Im Idealfall hast du bei
deinen Exkursionen in das Land deiner Phantasie das Gefühl
absoluter Realität.

Mach dir in deinem Lebensalltag und in deinen Tagträumen immer wieder bewußt, *wo* du stehst. Dieser Rat ist
durchaus wörtlich gemeint. Mach dir immer wieder die räumliche Position sowohl deines Körpers in deiner Alltagswelt als
auch deines Tagtraumkörpers in deiner Tagtraumwelt bewußt.
Prüf die Stellung deiner Gliedmaßen zu deinem übrigen Körper. Erfahr dich in Beziehung zu den Objekten deiner räumlichen Umwelt. Beweg dich und *erleb*, wie du dich bewegst.

Übung 9: Farben und Objekte visualisieren

Die Fähigkeit zu sehen hat für die Klarheit und Brillanz deiner
Tagträume eine Pionierfunktion. Mit einem schlecht entwickelten Tagtraumgesichtssinn gleicht dein Besuch in deinem

Land der Phantasie einer Fahrt durch dichten Nebel. Wenn du zwar weißt, daß du neben einer Palme stehst, die Palme neben dir aber gar nicht siehst oder nur als vagen Schatten wahrnimmst, dann macht dir dein Tagtraum ganz einfach keinen Spaß. Gerade das innere Sehen läßt sich enorm steigern. Lebensechte brillante Tagtraumbilder, die zuweilen optische Eindrücke aus der Alltagswelt bei weitem übersteigen und luziden Träumen ähneln, sind höchst beglückende Erlebnisse. Wenn du deinen Tagtraumgesichtssinn verbessern willst, dann solltest du Tagtraumsehübungen durchführen.

Leg dir, von deinem Tagtraumort aus gut sichtbar, einige einfache Gegenstände zurecht: eine Streichholzschachtel, einen Kugelschreiber, einen Bleistift, eine Blume. Plazier die Gegenstände so, daß du sie gut und deutlich sehen kannst. Nun betrachte den ersten Gegenstand intensiv. Versuch dir Farbe, Form und Details einzuprägen. Dann schließ deine Augen, und stell dir den Gegenstand in allen Einzelheiten vor. Zunächst wird dir das nur für kurze Momente gelingen – nach einigen Sekunden verschwindet das Nachbild des gerade noch gesehenen Gegenstands. Doch mit der Übung wirst du die Zeitspanne ausdehnen können, in der du den Gegenstand vor deinen inneren Augen siehst.

Du hast die Übung abgeschlossen, wenn es für dich zwischen dem ursprünglichen optischen Erleben des tatsächlichen Gegenstands und dem Erleben seiner Sehvorstellung vor deinen geistigen Augen keinen Unterschied in bezug auf die Klarheit von Farben und Formen mehr gibt.

Nimm dir Zeit. Wenn sich der optische Eindruck verflüchtigt, dann öffne wieder deine Augen, betrachte den Gegenstand von neuem, und wiederhol die Übung. Wenn dir der Gegenstand langweilig wird, dann geh zum nächsten über. Mit jeder Übung verlängert sich die Verweildauer des vorgestellten optischen Eindrucks.

Wenn du in der Übung ein bißchen fortgeschrittener bist, dann kannst du auch deine Phantasie spielen lassen. Verändere im Geiste die Form und die Farbe deines Tagtraumgegenstands. Siehst du gerade eine langstielige rote Rose in einer Glasvase? Dann schließ die Augen, mach die Rosenblüten gelb, weiß, orange. Verändere bewußt das Tagtraumbild der schlanken Glasvase zu einer bauchigen rotbraunen Tonvase mit eingebrannten blauen Linien.

Achte jedoch stets darauf, daß *du* es bist, der solche Änderungen herbeiführt. Beginnt sich die Vase von sich aus zu verändern, dann besteht die Gefahr, daß du die Kontrolle über deine optischen Vorstellungen verlierst oder gerade dabei bist einzuschlafen. Das darfst du auf keinen Fall zulassen! Brich dann deine Übung sofort ab!

Du kannst die Visualisierungsübungen auch außerhalb deines Tagtraumorts durchführen: im Bus, im Restaurant, bei einem Spaziergang im Wald. Überall dort, wo ein Schließen deiner Augen weder gefährlich ist (was beispielsweise beim Autofahren der Fall wäre) noch die Aufmerksamkeit der Öffentlichkeit auf dich lenkt, kannst du deine Visualisierungsfähigkeit üben.

Übung 10: Einfache Situationsabläufe visualisieren

Deine Tagtraumwelten bestehen natürlich nicht nur aus einzelnen Objekten, sondern aus einem Gesamtzusammenhang von mehreren Objekten und Personen vor einem räumlichen Hintergrund und im Rahmen eines bestimmten Zeitablaufs. Innerhalb dieses Gesamtzusammenhangs spielt sich deine Tagtraumhandlung ab, deren zentralster Aspekt du bist. Auch die Vorstellung solcher komplexer Situationen muß geübt werden.

Stell dir vor, du stehst mit nackten Füßen auf weichem, weißem Sand im Schatten mächtiger Palmen, deren Wipfel sich hoch

*über deinem Kopf sanft im Wind wiegen. Zwischen den Palm-
blättern siehst du kleine Ausschnitte des Himmelblaus, von
unregelmäßig geformten weißen Wolken unterbrochen. Am
Landungssteg macht gerade ein Boot fest ...*
Laß die Situation sich entwickeln. Im Rahmen dieser Gesamtsituation kannst du dir nun selbst eine Rolle zuteilen:
*... und aus dem Boot steigt dein langjähriger Tagtraumbe-
rater, mit dem du eine Stunde am Strand verbringen willst, um
über aktuelle Fragen deines Lebens zu sprechen. Du gehst auf
ihn zu und streckst ihm deine Hand entgegen ...*

Wenn es dir schwerfällt, Tagtraumsituationen aufzubauen,
dann versetz dich in die Rolle des Zuschauers. Verzichte
zunächst darauf, mit allen deinen Sinnen Teil der Situation zu
sein. Reduzier deinen Tagtraum auf einen oder zwei Sinne.
Stell dir vor, du siehst ihn in Form einer Filmvorführung. Sobald du wieder die Kontrolle über den Tagtraumablauf erlangt
hast, kannst du erneut als Akteur und mit allen Sinnen teilnehmen.

Wenn ich Schwierigkeiten mit dem Aufbau von Tagtraumsituationen habe, dann halte ich die Tagtraumhandlung an
und stell sie mir in Form eines Gemäldes vor. Sobald sich
meine Tagtraumsinnesempfindungen stabilisiert haben, lasse
ich den Tagtraum weiterlaufen.

Übung 11: Deine visuellen Phantasien mit
akustischen untermalen

Neben dem Gesichtssinn spielt auch die akustische Wahrnehmung in unserem Leben eine große Rolle. Die Brandung an deinem Tagtraumstrand erscheint ohne ihr beständiges Rauschen
und Rollen irgendwie leer. Und der Sturm, der mit Macht die
Palmblätter zerzaust und an deinen Haaren zieht, ist, wenn du
ihn nicht hören kannst, nur ein Schatten seiner selbst.

Zur Freilegung deiner akustischen Wahrnehmung stellst du dir wieder vor, daß du an deinem Tagtraumstrand stehst. Diesmal jedoch versuchst du auch, die zu den optischen Eindrücken gehörenden Geräusche zu hören: Laß *die Wellen sich bewegen, und hör ihr Zischen, Rauschen und Donnern. Laß den Wind an den tropischen Bäumen rütteln, und hör ihr Geflatter und Geächze. Laß in der Ferne schwere Gewitterwolken in den Himmel steigen, und lausch dem näherrollenden dumpfen Gepolter.* Üb deine akustische Tagtraumwahrnehmung an deinem Tagtraumort in entspannter Atmosphäre vor deinem Lieblingssituationsbild.

Du kannst auch versuchen deine visuellen Phantasien mit vorgestellter Musik zu untermalen. Oder stell dir ein Auto vor, und hör das Geräusch des Motors. Stell dich in deinem Tagtraum an die Bahnlinie, und laß einen Zug vorbeifahren. Hörst du das Donnern und Rauschen, das Klappern und Pfeifen? Wie ist der Eindruck der Stille, wenn der Zug vorüber ist? Jedes Phantasiebild läßt sich mit akustischen Vorstellungen untermalen. Probier ein bißchen herum. Deiner Phantasie sind keine Grenzen gesetzt.

Übung 12: Gesichter von Menschen visualisieren

Die Gesichter von Menschen haben für uns einen hohen Ausdruckswert. Wir meinen, durch das Gesicht einen Blick in die Seele des Betreffenden zu werfen. Sicher wirst du in den meisten deiner Tagträume Menschen um dich haben wollen. Du willst nicht absolut allein sein – zumindest nicht immer! Daher solltest du dir die Gesichter von Menschen vorstellen können. Doch das ist gar nicht so einfach! Während es bei etwas Übung kaum Probleme bereitet, sich ein Standardgesicht vorzustellen, fällt es normalerweise sehr schwer, das Gesicht eines *ganz bestimmten* Menschen (sozusagen als Individuum) zu imaginieren. Die Vorstellung des Gesichts eines dir persönlich bekannten oder nahestehenden Menschen ist auch wesentlich schwieriger als die Visualisierung von Gegenständen. Aber auch die Visualisierung von Gesichtern kannst du üben.

Nimm eine Zeitschrift oder einen Modekatalog zur Hand. Schneid einige der dort abgebildeten Gesichter aus. Leg sie vor dich hin, präg sie dir ein, schließ die Augen, und versuch dir die Gesichter vorzustellen. Es kommt nicht darauf an, die auf den Bildern abgebildeten Gesichter exakt vor deinem geistigen Auge wiedererstehen zu lassen. Wichtig ist zunächst, daß du überhaupt in der Lage bist, dir menschliche Gesichter vorzustellen.

Wenn du Gesichter von dir fremden Menschen vor deinem geistigen Auge erscheinen lassen kannst, dann geh dazu über, dir die Gesichter deiner Bekannten und Freunde vorzustellen. Anfangs wird dir das sehr schwerfallen. Möglicherweise hast du das Gefühl, daß du etwas Verbotenes tust oder gar nach der Seele dieser Person greifst.

Auch in meiner Tagtraumgruppe hatten wir Probleme, uns die Gesichter uns bekannter Personen vorzustellen. Folgender Kunstgriff hat uns geholfen:
Wenn es dir sehr schwerfällt, dir Gesichter der Menschen aus deiner Umgebung vorzustellen, dann visualisier zunächst deren Kopf von hinten. Dann stell dir vor, wie diese Person spricht. Das typisch Persönliche einer Stimme läßt sich viel leichter vorstellen als das dazugehörige Gesicht. Während du dem Klang der imaginierten Stimme lauschst, versuch den Kopf der vorgestellten Person langsam vor deinen Tagtraumaugen zu drehen, bis du das Gesicht erkennen kannst.

Übung 13: Deine Tagtraumphantasien mit anderen phantasierten Sinneserlebnissen untermalen

Intensives Erleben klarer und hilfreicher Tagtraumwelten besteht nicht nur aus dem Gefühl des Hier-und-Jetzt in komplexen Situationen, die gesehen und gehört werden. Zu einem realistisch-klaren Tagtraum gehört auch das Tastempfinden, ebenso wie der Geruchs- und Geschmackssinn, Empfindungen der Schwere und Trägheit sowie eine Reihe seelischer Regungen, angefangen beim Glücklichsein über Freude, Erheiterung, Lustigsein und Lust, weiter über Schmerz, Wehmut und Leid bis hin zu Langeweile, Monotonie und Trübsinn. Der Aufbau dieser inneren Sinne läßt sich in Tagträumen relativ leicht bewerkstelligen.

Schaff dir zur Aktivierung des *Tastsinns* ein Tagtraumobjekt, das du betasten kannst: Stell dir die braune Rinde deiner Inselpalme vor, und fahr mit der Hand behutsam über ihren rauhen Stamm. Oder stell dir vor, was du an Tastgefühlen erlebst, wenn du mit deinem geliebten Partner zusammen bist.

Zur Aktivierung deines *Geschmackssinns* stellst du dir eine schmackhafte Mahlzeit oder ein gutes Getränk vor und versuchst das zu schmecken.

Ähnlich kannst du deinen *Geruchssinn* aktivieren: mit einer vorgestellten Tasse Kaffee, einer duftenden Blume oder einer Flasche deines Lieblingsparfüms.

Seelische Regungen, also das, was wir Gefühle nennen, entstehen meist im Zusammenhang mit dem Erleben deiner Tagtraumsituationen von allein. Sie bilden sich auf dem Boden deiner Tagtraumhandlungen im Zusammenwirken mit deinen Werten, Zielen und Erinnerungen.

Und nun viel Spaß beim realistisch-klaren Tagträumen!

Eine faszinierende neue Welt liegt vor dir. Tritt ein! Die nötigen Kenntnisse hast du bereits: Bestimmung deiner Wünsche, Planung einer Tagtraumhandlung, Auszeiteingang und Einleitung, Herstellung der absoluten Leere, Durchleben der Tagtraumhandlung, gefolgt von einer erneuten Phase absoluter Leere und dem Auszeitende. Führ diese Einzelphasen immer zusammen – also en bloc – als Tagtraumprogramm durch! Überspring keine Teilhandlungen. Führ auch dann, wenn du nur an einem kurzen und oberflächlichen Tagtraum interessiert bist (beispielsweise während einer Busfahrt), dein Tagtraumeingangs- und dein Tagtraumenderitual durch. Für die oberflächlichen und auch für die nebenbei durchführbaren Tagträume ist eine Herstellung der absoluten Leere nicht notwendig. Um so mehr jedoch brauchst du die Leere zur Ein- und Ausleitung deiner tiefen realistisch-klaren und luziden Tagträume.

So wie du mit einem Wunsch, mit einer Frage, mit einem Problem in deinen Tagtraum gehst, so solltest du mit einer Erfüllung, einer Antwort, einer Lösung aus deinem Tagtraum zurückkehren. Dann nämlich folgt das Nachbereiten deiner Tagtraumerlebnisse: Das Auskosten des wohltuenden Nachklangs des Tagtraumwohlbehagens, der Vergleich deiner neuen Erkenntnisse mit deiner Alltagshandlungsstruktur, der Einbau von unerwarteten Einsichten in deine Zielstruktur. All das geschieht unter der kraftspendenden Vorfreude auf deine nächste Tagtraumreise.

Übersicht: Vom Wunsch zum Tagtraum

Die zurückliegenden Kapitel zeigten dir, wie du deine Wünsche an das Leben klar formulierst, daraus Geschichten in

Form von Handlungsplänen ausarbeitest, um schließlich diese Handlungspläne als Phantasieerlebnisse umzusetzen.

Geh jetzt in Gedanken noch einmal alle Übungen durch. Fühl in dich hinein und entscheide, ob du sie alle ausreichend beherrscht. Für Übungen, die du noch nicht sicher beherrscht, solltest du dir täglich Zeit nehmen. Bist du jedoch davon überzeugt, daß du sie zuverlässig beherrscht, dann brauchst du nicht mehr ausdrücklich zu trainieren. Die Substanz der Übungen ist ohnehin Bestandteil deiner Tagtraumpraxis.

1. Finde und bezeichne deine Wünsche. Bring sie in eine klare Form. Schreib sie auf, und gib ihnen eine Überschrift. Erstell eine Wunschliste. (Siehe dazu S. 37–41; S. 41–44; S. 44–47.)

2. Lern, deine Gedanken und Empfindungen zu kontrollieren. (Siehe dazu Übung 1, S. 84; Übung 2, S. 86; Übung 3, S. 89; Übung 4, S. 91; Übung 5, S. 93; Übung 6, S. 95.)

3. Denk dir Geschichten aus, die sich um die Erfüllung deiner Wünsche aus der Wunschliste drehen. (Siehe dazu S. 99; S. 105; S. 109.)

4. Wende die in den Übungen zur Gedankenkontrolle (Kapitel 4) erworbenen Fähigkeiten auf deine Wunschgeschichte an: Erleb ausschließlich diese Geschichte in Gedankenform. (Siehe dazu S. 121; S. 127.)

Mit Abschluß des sechsten Kapitels bist du bereits in der Lage, deine Wünsche in Form erfüllender Tagträume auszuleben. Im achten Kapitel geht es um die Veredelung deiner Tagträume mit vorgestellten Sinnesempfindungen:

5. Begleite die Denkerlebnisse deiner Wunschgeschichte mit phantasierten Sinneserlebnissen. (Siehe dazu S. 139; Übung 8, S. 146; Übung 9, S. 147; Übung 10, S. 149; Übung 11, S. 150; Übung 12, S. 151; Übung 13, S. 153.)

9

Beispiele für verschiedene Tagtraumarten

Bislang haben wir Tagträume nach ihrem Nutzen eingeteilt und beurteilt: Tagträume schenken dir Kraft und Motivation zur Verwirklichung deiner Ziele, sie eignen sich hervorragend zur strategischen Lebensplanung, sind ein effektiver Weg zur Änderung eingefahrener Routine, spielen eine wichtige Rolle bei der Verarbeitung unangenehmer Erlebnisse, die auf der Seele lasten, erfüllen eine therapeutische Funktion und sind ein ideales Mittel zur Entspannung.

Neben dieser praktischen Einteilung der Tagträume nach ihrem Nutzen lassen sie sich jedoch auch nach ihrer Länge, Tiefe und ihrem Thema klassifizieren.

Die Einteilung von Tagträumen nach ihrer Tiefe und ihrer Art war in der Tagtraumarbeit meiner Tagtraumgruppe die ursprünglichere. Im Rahmen dieser Einteilung liegen uns unzählige Beispielgeschichten vor, aus deren reichhaltigem Inhalt ich einige vorstellen möchte.

Die grundsätzlichsten Tagtraumklassen unserer Einteilung nach Länge, Tiefe und Thema sind:

leichte und oberflächliche Tagträume
nebenbei durchführbare Tagträume
sehr kurze Tagträume
erholsame Tagträume
erotische Tagträume

spannende Tagträume
nervenzerreißende Tagträume
heilende Tagträume
tröstende Tagträume

Wie du siehst, folgt diese Einteilung in Tagtraumarten nicht nur einem Prinzip, sondern vielen. Sie ergab sich aus einer Sammlung von Tagträumen verschiedener Personen im Rahmen meiner Tagtraumgruppe und ist daher geschichtlich bedingt. Dennoch halte ich sie für hochinteressant und voller wertvoller Anregungen.

Trotz ihrer Unterschiede in ihrer Thematik, der Struktur ihrer Handlung, in ihrer Intensität und dem Grad der Einbeziehung der Alltagswelt gleichen sich die meisten Tagtraumexkursionen in ihrer Ablaufstruktur: Plan, Auszeiteingang, Einleitung, Leere, Tagtraumhandlung, Leere, Auszeitende.

Ganz ohne Ausnahmen ist aber auch diese Ablaufstruktur nicht: Bei den oberflächlichen und den nebenbei durchführbaren Tagträumen fehlen häufig die Einleitung und die Leererituale. In der Tat kann bei Tagträumen ohne ausgeprägte Handlungsstruktur auf eine Einleitung verzichtet werden. Handlungsarme Tagträume sind beispielsweise eine Stunde Ruhe schöpfen in deiner Traumtropfsteinhöhle oder 30 Minuten Tagtraumentspannen in der Hängematte im Schatten hoher Palmen. Sind die Tagträume oberflächlicher Natur (etwa ein Tagtraum, der die Routine deiner Morgentoilette begleitet) oder beziehen sie gar die Alltagswelt des Tagträumers mit ein (etwa ein Tagtraum in der Badewanne mit dem Thema »Badeurlaub in der Südsee«), dann ist zwar eine Einleitung ganz brauchbar, aber die Leere kann wegfallen.

Ein nicht zu unterschätzender Grund für die Ausformung der Vielzahl an unterschiedlichen Tagtraumarten dürfte in der Alltagswelt des Tagträumers liegen. Wenn deine äußere Welt keine hinreichende Gelegenheit für Ruhe und Entspannung zuläßt und wenn du immer wieder Orientierungshandlungen durchführen mußt (etwa weil du im Bus nur einen Stehplatz hast oder weil du gerade die Hausarbeit erledigst und zusätzlich auch noch die Waschmaschine läuft), dann kannst du keine tiefen Tagträume realisieren. In so einem Falle sind *oberflächliche* und *nebenbei durchführbare* Tagträume angesagt. Auch oberflächliche Phantasien können sehr beglückend und erfüllend sein. Du führst sie mitten in deinem Alltag durch, zu Zeiten, in denen deine Umwelt keine ungeteilte Aufmerksamkeit von dir erwartet. Es ist zutiefst erholsam, in der Leseecke des Buchladens von vergessenen Kulturen zu träumen, sich auf dem Weg zur Arbeit auf einen Spaziergang durch eine Wikingersiedlung zu begeben oder im Warmwasserbad eine Südsee-Tropennacht zu erleben.

Wenn dagegen eine Störung durch äußere Einflüsse unwahrscheinlich ist, lassen sich auch bei sehr beschränktem Zeitangebot wundervolle *Kurztagträume* erleben. Wenig Zeit verbunden mit relativer Störsicherheit hast du während deiner Mittagspause im Büro (vor allem, wenn du dich alleine in ein Zimmer zurückziehen kannst), in deinem Auto während einer Fahrtpause oder in der Zeit zwischen morgendlichem Erwachen und dem Beginn deiner Morgenroutine. Kurze Tagträume sind ein richtiges Kleinod. Finde Erholung während einer zehnminütigen Tagtraumentspannung auf einem Baumhaus mitten im Wald, hell deine Stimmung mit 60 Sekunden Tagtraumzärtlichkeit auf, und entspann dich bei einem fünfminütigen freien Tagtraumfall.

Tiefe Tagträume mit einem Zeitbudget von 30 Minuten bis zu zwei Stunden geben einerseits den Weg frei in eine Welt voller gefahrloser Abenteuer und intensiver Freuden. Andererseits sind sie eine Quelle für neue Ideen, die du draußen in deiner Alltagswelt verwirklichen kannst. In tiefen Tagträumen lassen sich wertvolle Erfahrungen für langfristige Lebensstrategien gewinnen. Hast du vor, mit deinen Tagträumen raus in die Welt zu gehen, dann nutz die Kunst des Aufbaus tiefer

Tagträume zur Vorbereitung auf zukünftige Situationen deiner Alltagswelt und für die Bearbeitung von Problemen aus deiner Vergangenheit.

Die interessantesten und faszinierendsten Tagträume sind die in häufiger Folge wiederkehrenden *Serientagträume*. Wenn du regelmäßig in ein und dieselbe Tagtraumwelt zurückkehrst und einen Tagtraum in Folge träumst, dann hast du Zugriff auf eine Welt, in die du dich bei Kummer und Sorgen zurückziehen und in der du Kraft für deinen Lebensalltag schöpfen kannst, in der du dich an dein persönliches Traumtier schmiegen oder mit deinem allmächtigen und allwissenden Tagtraumfreund aussprechen kannst.

Die leuchtenden Edelsteine deiner Tagtraumwelt besitzt du jedoch in deinen *luziden* Tagträumen. Sobald du in der Lage bist, luzid zu träumen, steht dir ein komplettes zweites Leben zur Verfügung.

Die nachfolgenden Beispiele sollen als Anregung dienen. Selbst geplant und selbst erlebt – das ist es, was Tagträume zu *deinen Tagträumen* macht.

Die Leichten und Oberflächlichen

Erinnerst du dich noch an die Tagträume deiner Kindheit? Aus der alten Ziegelmauer im Garten wurde der Eingang zu einem unterirdischen Schloß. Und in den Bewegungen der Baumwipfel des abendlichen Waldes konntest du Kobolde erkennen, die, in deiner Phantasie, grinsend von Ast zu Ast sprangen. Kinder sind Experten darin, ihre reale Alltagswelt mit in ihre Tagträume einzubeziehen. Warum solltest du das nicht tun?

Geh im Wald spazieren, und nimm einen fiktiven Freund mit. Hör den Bäumen zu, und versuch zu verstehen, was sie sich erzählen. Such dir einen Baum aus, mach ihn zu deinem Freund, und sprich dich mit ihm aus. Frag die vorbeifliegenden Vögel nach deiner Zukunft. Unterzieh das Erlebte nicht der Frage nach Ursache und Wirkung. Erleb es einfach. Nimm dir aus deinen Tagträumen das, was du brauchst. Gib dir die Selbstbestätigung, die dich fördert.

Leichte und oberflächliche Tagträume spielen sich sowohl im Land der Phantasie als auch in deiner Lebenswelt ab. Sie stellen den Übergang her zwischen einer etwas phantasievolleren Deutung der Welt, die wir mit anderen Menschen teilen, und selbstgestrickten Wunschträumen. Der oberflächliche Tagträumer bezieht daher seine Freude sowohl aus der allen zugänglichen Welt als auch aus seinen Phantasieerlebnissen! Tagträume, in deren Verlauf der Träumer sogar seinen Alltagshandlungen nachgeht (z. B. bei Routinearbeiten im Haushalt und Büro), kennen wir alle aus eigener Erfahrung. So sind es auch die leichten und oberflächlichen Tagträume, die erst bei einer Einbeziehung der Alltags- und Lebenswelt in den Tagtraum so richtig schön werden! Wenn du dich beispielsweise nach dem Meer sehnst, warum solltest du dann nicht in deiner Wohnung Bilder von Wellen und Stränden aufhängen, Behälter mit Meeresduftparfüm aufstellen, dich mit Sonnenmilch eincremen und eine CD mit dem Geräusch der Brandung abspielen? Und wenn du dich nach der Wüste sehnst, was spricht dagegen, Teppiche mit Wüstenmotiven auszulegen, Schalen mit trockenem Sand aufzustellen, einen Heizstrahler einzuschalten und dir ein Video über die Sahara anzusehen?

Wenn du nur an oberflächlichen Tagträumen interessiert bist, dann bring dich mit Anregungen aus deiner Alltagswelt in Tagtraumstimmung.

Leichte und oberflächliche Tagträume finden grundsätzlich im Rahmen des Hier-und-Jetzt deiner Alltagswelt statt. Realität und Phantasie vermischen sich zu einer ansprechenden Traumwelt. Dein Fernseher oder das Bild an der Zimmerwand werden zu einem Fenster mit Blick auf die Bucht. Vom CD-Spieler erklingen Wellengeräusche, und du stellst dir vor, daß sie von draußen kommen.

Oberflächliche Tagträume ähneln der Lektüre eines aufregenden Buches. So wie bei der Lektüre eines spannenden Buches kannst du dich auch während leichter und oberflächlicher Tagträume frei in deiner Alltagswelt bewegen. Dennoch solltest du auch bei einem oberflächlichen Tagtraum auf die richtige Reihenfolge deiner Tagtraumschritte achten:

- Handlungsplan
- kurze Einleitung
- Auszeiteingang
- Tagtraumhandlung
- Auszeitende
- Auf das Leereritual kannst du bei oberflächlichen und nebenbei durchführbaren Tagträumen verzichten.

Mach dein Zimmer zu einem Aussichtspunkt über die Bucht

Das Thema dieses leichten Tagtraums ist die Vorstellung, dein Tagtraumzimmer befände sich auf einer herrlichen Südseeinsel, und du hättest beim Blick aus dem Fenster eine traumhafte Aussicht über eine palmenbewachsene Sandbucht.

Willst du beispielsweise tagträumen, du wärst in einem Hotelzimmer auf einer tropischen Insel mit einem wundervollen Blick auf eine palmenbewachsene Bucht, dann richte dein Tagtraumzimmer oder deine Wohnung entsprechend ein. Häng Bilder auf mit hohen Palmen vor einem blauem Meer. Streichle deine Seele mit Meeresrauschen oder mit südländischer Musik. Stell dir vor, wie draußen die letzten Strahlen der Abendsonne die Palmen in ein goldgelbes Licht tauchen, wie dunkelhäutige Männer am Strand ein Feuer anzünden und das

Fest des heutigen Abends vorbereiten. Genieß deinen oberflächlichen Tagtraum. Auch eine Reihe von Routinearbeiten,
wie etwa deine Abendtoilette und die Vorbereitung deines
Abendessens, kannst du in ein goldgelb-sonniges Gefühl der
Abendstimmung an der Bucht deiner Südseeinsel tauchen.
Später, wenn du alle deine Arbeiten erledigt hast, solltest du
dich an deinen Tagtraumort begeben und aus dem oberflächlichen Tagraum einen tiefen spannenden, gruseligen oder auch
erotischen Tagtraum machen.

Aus deinem Bett eine Liege am Strand machen

Auch dieser Tagtraumvorschlag bezieht deine Alltagsumwelt mit ein. Als Vorbereitung richtest du deinen
Tagtraumort so ein, daß er dich an einen tropischen Strand erinnert. Stell Palmen auf. (In Baumärkten gibt es hübsche und
zugleich preiswerte künstliche Exemplare.) Schmück sie mit
bunten Lichterketten. Häng Bilder mit Strandmotiven auf oder
projizier ein Farbdia mit einem Strandmotiv an die Wand.
Mix dir einen fruchtigen Cocktail. Wenn es draußen kalt ist,
dann mach es dir an deinem Tagtraumort wohlig warm. Spiel
CDs mit Strandgeräuschen, Wellengeräuschen oder südländi-
schen Klängen. Versprüh Meeresduft-Parfüm.

Nun leg oder setz dich an deinen Tagtraumort, führ dein Auszeiteingangsritual durch, und genieß die wundervolle Strand-
atmosphäre.
*Spür den Sand unter deinem Rücken. Schließ deine Alltags-
augen, und öffne deine Tagtraumaugen. Erfreu dich am Blau
des Himmels, am Grün der Vegetation und am Grünblau des
Meeres.*
Beende deinen Tagtraum mit deinem Auszeitenderitual.

Mach deine Badewanne zu einer Südseeinsel-Bucht

Baden in warmem Wasser ist sehr entspannend. Auch in deiner Badewanne kannst du eine Reihe leichter und zugleich herrlicher Tagträume erleben. Wie wäre es mit einem tropischen Badeerlebnis auf einer Südseeinsel?

Bereite deine Badewanne vor: Laß warmes Wasser ein. Gib ein Duftöl hinzu und eventuell etwas Salz. Streu Blütenblätter auf die Wasseroberfläche. Erfüll dein Badezimmer mit dem Meeresrauschen einer CD. Häng einen Bambusvorhang vor das Fenster. Leg dir einen Bildband über die Seychellen oder die Malediven zurecht. Falls du in deinem Bad einen Fernseher mit Videorecorder anschließen kannst, dann leg einen Film über die Südsee oder den Indischen Ozean ein.

Begib dich in das duftende Wasser deiner Badewanne. Entspann dich. Führ dein Auszeiteingangsritual durch, und sink ein in deine Südseetagtraumwelt.

... *Du liegst auf einem Liegestuhl, der im flachen Wasser des sandigen Uferbereichs einer Koralleninsel steht. Einige Meter rechts neben dir setzt sich ein bunter Schmetterling auf den braunen Stamm einer riesigen Palme, der sich weit hinaus über das Wasser neigt. Vor dir taucht in den klaren Fluten ein Schwarm kleiner bunter Fische auf, verharrt einen Augenblick in der Nähe deiner im Wasser baumelnden Füße und schwimmt in leichtem Zickzack weiter. Vom Ufer nähert sich ein vornehm gekleideter Kellner mit einem Tablett voller tropischer Früchte: Papayas, Kokosnußhälften mit Strohhalm, frischen Ananasscheiben. Der Kellner streift seine Sandalen ab und watet durch das seichte, angenehm warme Wasser zu dir, um dir die Früchte anzubieten ...*

Laß diese Atmosphäre auf dich wirken. Freu dich über den gelungenen Tagtraum. Freu dich auch darauf, an einem ähnlichen Strand einmal mit deinem Alltagskörper zu stehen! Beende deinen Tagtraum mit deinem Auszeitenderitual.

**So wird aus deiner Wohnung ein Märchenschloß,
ein Raumschiff oder eine Piratenhöhle**

Wenn du dich während des Tages vorwiegend in deiner Wohnung aufhältst und leichte Routinearbeiten verrichtest, dann bietet es sich an, deine ganze Wohnung in dein Tagtraumerleben einzubeziehen. Je nachdem, ob die Wohnung dir gehört und wie deine Partnerin, dein Partner und deine Familie dazu stehen, kannst du die Einrichtung deiner Wohnung mehr oder weniger dauerhaft nach deinen Tagträumen gestalten.

Mach sie zu einem *Märchenschloß*: Schmück deine Wohnung mit Gegenständen des jeweiligen Märchenmotivs. Laß den Türrahmen von Rosen umranken, stell eine große Vase mit Feldblumen in den Flur. Auch hierbei leisten künstliche Blumen aus Bau- oder Einrichtungsmärkten gute Dienste. Benutz Parfüms. Es ist erstaunlich, wie real eine künstliche Rose wirkt, wenn sie nach Rosen riecht! Stell einen künstlichen Brunnen ins Zimmer. Du kannst auch Nebel erzeugen, z.B., wenn du deinen Keller zu einem »schauerlichen Verlies« machen willst. Der erzeugte Nebel besteht aus reinem Wasserdampf und ist somit ungiftig. (Die entsprechenden Geräte gibt es in Baumärkten und in Spezialgeschäften für Elektrobedarf.) Häng Bilder an die Wand, die den Eindruck erwecken, als ob du aus deiner Wohnung auf einen tiefen Wald blicken könntest oder als ob draußen eine unheimliche Schlucht wäre. Besorg dir CDs mit Wasserrauschen, Windgeheul, Hufgeklapper, Froschgequake. Näh dir Kleider, die zu deinem Märchenmotiv passen, und verrichte in ihnen deine Hausarbeit. Oftmals genügt bereits ein kleines modisches Zubehör an der Kleidung, z.B. ein Gürtel, ein Schal, Schmuck, um dich in Märchenstimmung zu bringen. Stell dir ein Stofftier, die Figur eines Zwerges oder das Bild eines Märchenfilm-Prinzen in deine Küche, und schildere ihm deine Sorgen, Wünsche und Vorhaben. Laß das angesprochene Wesen aus der Tiefe deiner Phantasie heraus antworten. Schmiede Pläne für phantastische Abenteuer im Märchenland, und durchlebe während deiner ganz normalen Erledigungen in deiner Wohnung, beispielsweise beim Hausputz oder bei Zubereiten des Frühstücks, deine oberflächlichen Tagträume.

Auch wenn du in deiner Wohnung auf große Fahrt in unendliche Weiten gehen willst, um *neue Galaxien zu entdecken* und um Abenteuer mit neuen Lebensformen zu erleben, kannst du deiner Phantasie mit der entsprechenden Wohnungsgestaltung auf die Sprünge helfen.

Mach deine Wohnung zu einem Raumschiff. Wandle dein Wohnzimmer um in die Steuerzentrale des Raumkreuzers Andromeda. Mach aus deinem Fernseher den Kontrollschirm, auf dem du deinen Flug durch das All beobachten kannst. Stell Aufbauten mit vielen Reglern, Knöpfen und blinkenden Lichtern in deinem Wohnzimmer auf. Aus Pappmaché und alten Kartons lassen sie sich leicht basteln. Häng runde oder ovale Bilder an die Wand deines Flurs, und stell dir vor, es wären Raumschiffbullaugen. Wenn du in deiner Wohnung eine große weiß oder einfarbig gestrichene Wand hast, dann projizier ein Dia des Sternenhimmels oder der Milchstraße an die Wand. Wie wär's mit der Projektion des Andromedanebels an die Zimmerdecke? Beschall dein Wohnungsraumschiff mit den typischen Science-fiction-Geräuschen: Laß Bordkommandos ertönen oder das Gepiepse des Raumschiff-Funkverkehrs. Häng eine Phantasie-Sternenkarte an die Wand und zeichne die Route deines Raumschiffes ein. Stell Bilder deiner Astronautenkollegen auf. Häng eine selbstentworfene Astronautenuniform in den Schrank. Besorg dir Science-fiction-Literatur über Wesen von anderen Planeten. Stell Schilder auf: »Vorsicht! Maschinenraum!« oder »Kommandobrücke. Zutritt nur für Offiziere der Sternenflotte«.

Oder willst du aus deiner Wohnung ein *Piratenversteck* machen? Verdunkle die Fenster mit Bambusvorhängen. Stell Kerzen auf. Schraub Glühbirnen, die flackerndes Fackellicht imitieren, in die Lampen. Zünd ein Räucherstäbchen an. Häng eine Piratenflagge über dein Bett. Je nachdem, wo dein phantasiertes Piratenversteck liegt (im Wald, auf einer Insel, in den Schluchten eines Canyons), kannst du Bilder in Form von Fenstern mit den unterschiedlichsten Motiven an die Wand hängen. Während du deiner Routinearbeit im Haushalt nachgehst, kannst du dir vorstellen, wie deine Piratenfreunde draußen auf hoher See in Kämpfe verwickelt werden oder auf einer nahegelegenen Insel einen Schatz vergraben.

Erleb in deiner so ausgestatteten Wohnung neben deinen routinierten Alltagsverrichtungen Tagträume, die leichte Störungen durch die Außenwelt vertragen. Später, wenn du alle deine Alltagsverrichtungen erledigt hast, kannst du deinen Tagtraumort aufsuchen und aus dem leichten und oberflächlichen Tagtraum einen Tagtraum der tiefen und intensiven Art machen. Dann nämlich kommt der Märchenkönig zu dir zu Besuch, oder du gehst auf Raumpatrouille in ein bislang unentdecktes Sternensystem, oder du begleitest den muskulösen Piraten mit der Augenklappe auf einem seiner Beutezüge.

Die Nebenbei-Durchführbaren

Auch die nächste Gruppe von Tagträumen ist im Zwischenbereich von Alltagsrealität und Phantasiewelt angesiedelt. Ähnlich wie bei den oberflächlichen Tagträumen vermischt du auch bei den nebenbei durchführbaren Tagträumen Erlebnisse deiner Alltagswelt mit Phantasieerlebnissen. Und genauso wie bei den oberflächlichen Tagträumen ist auch für die nebenbei durchführbaren kein Leerritual notwendig. Der Grund dafür liegt

klar auf der Hand: In beiden Tagtraumkategorien spielt die Alltagswelt eine relativ große Rolle. Dein Eintritt in die absolute
Leere blendet Reize deiner Alltagswelt aus, und das würde für
den alltagsweltlichen Anteil des nebenbei durchführbaren Tagtraums eine Reihe von Schwierigkeiten heraufbeschwören. Du
könntest deinen Alltagskörper nicht in gewohnter Weise bewegen, also keine Handlungen der realen Welt durchführen und
mit niemandem aus deiner Alltagswelt sprechen.

Im Unterschied zu dem oberflächlichen Tagtraum be-
ziehst du Faktoren der Außenwelt jedoch nicht absichtlich in deinen nebenbei durchführbaren Tagtraum ein, sondern sie drängen sich dir mit der ihnen eigenen Realität auf.
So kannst du im Wartezimmer des Arztes nicht einfach die
anderen anwesenden Patienten ignorieren, und du kannst dich
nicht einfach so hinlegen, wie du willst. Auch beim Warten an
der Supermarktkasse darfst du den Kontakt zu der Welt nicht
verlieren, in der du mit anderen Wesen zusammen bist. Und
im Bus auf dem Weg zur Arbeit wirst du möglicherweise von
anderen Fahrgästen angesprochen.

* * *

Doch was bringt es uns überhaupt, wenn wir uns in den ge-
nannten Situationen oberflächlichen Tagtraumgeschichten hingeben?
Im Alltag verbringen wir sehr viel Zeit mit Warten. Zeit,
die für nichts nutzbringend eingesetzt werden kann, ver-
streicht, beispielsweise im Wartezimmer des Arztes, vor der
Supermarktkasse, während einer Fahrt im Bus, im Restaurant,
in der Bücherei und auf Behörden. Was liegt da näher, als die
Zeit im Rahmen eines Tagtraums zu nutzen? Wenn du im
Wartezimmer deines Arztes sitzt und vor dir eine Illustrierte
aufgeschlagen hast, dann kann keiner der anderen Patienten
erkennen, ob du in der Illustrierten liest oder einen Tagtraum

genießt. Wenn du im Zug oder im Bus sitzt und zum Fenster hinaussiehst oder die Augen geschlossen hältst, ist nicht zu erkennen, ob du interessiert die vorbeiziehende Gegend betrachtest, schläfst oder tagträumst.

Im Wartezimmer des Arztes

Unabhängig davon, wie viele Patienten bereits anwesend sind, suchst du dir einen freien Platz und setzt dich hin. Bleib nicht stehen! Nimm eine Zeitschrift, schlag sie an einer Stelle mit interessanten Bildern auf. Denk dir eine beflügelnde Geschichte zu den Bildern aus und versuch diese Geschichte zu erleben. Günstig ist es, wenn du deine eigene Zeitschrift mitbringst.

Deine Tagtraumtiefe wird notwendigerweise sehr oberflächlich bleiben, denn du mußt jederzeit damit rechnen, in das Behandlungszimmer gebeten zu werden. Führ deine Auszeitrituale durch, ohne daß es den anderen Patienten auffällt.

In öffentlichen Verkehrsmitteln

Im Bus, im Zug und in der U-Bahn kannst du recht gut tagträumen. Allerdings hängt deine Tagtraumtiefe von einer Reihe äußerer Faktoren ab: Wenn du dich setzen kannst, erreichst du intensivere Tagträume, als wenn du stehen mußt. Bei längeren Fahrten wird dein Tagtraum harmonischer verlaufen als bei kurzen.

Öffentliche Verkehrsmittel eignen sich hervorragend zur Einübung der Vorstellung menschlicher Gesichter: Sieh dir eine Person an, präg dir die Gesichtszüge ein, und schließ die Augen. Bewahr das Bild des betrachteten Gesichts vor deinem inneren Auge so deutlich, klar und leuchtend wie möglich. Wenn du möchtest, daß die Person eine Rolle in deinen Tagträumen spielt, dann kannst du sie dir an deinem Tagtraumort vorstellen und in deinen Tagtraumplan einbinden.

Bei einer längeren Zug- bzw. Busfahrt

Wenn du längere Zeit in einem öffentlichen Verkehrsmittel zubringst, während der Fahrt bequem sitzen kannst und nicht die Gefahr besteht, daß du von den anderen Fahrgästen gestört wirst, dann kannst du dich recht intensiven Tagträumen hingeben. Halt deine Augen geschlossen, so daß es für einen außenstehenden Beobachter aussieht, als ob du schläfst. Das verringert die Wahrscheinlichkeit von Störungen.

Längere Zug- oder Busfahrten sind meist einige Zeit im voraus planbar. Überleg dir daher schon vor der Fahrt dein Tagtraumthema, und erstell einen Tagtraumplan.

- Im Zug z. B. suchst du dir einen gemütlichen Platz mit möglichst wenig Nachbarn.
- Setz dich bequem hin, und führ dein Auszeiteingangsritual durch.
- Geh deinen Tagtraumplan noch einmal in Gedanken durch (Beispiel: du begleitest als Edelmann des 14. Jahrhunderts den Transport eines größeren Goldschatzes und wirst dabei überfallen).
- Dann vollzieh dein Leereritual und starte deinen Tagtraum.

... *Trotz des Gerumpels und Geschaukels bist du eingeschlafen. Doch die Kutsche, auf deren Vorderbank du sitzt, hat derart jäh angehalten, so daß du beinahe von deinem Platz gefallen wärst. Du öffnest die Augen, um nach der Ursache der abrupten Fahrtunterbrechung Ausschau zu halten. Der Kutscher neben dir flucht leise und versucht die Pferde um den großen Steinblock, der mitten auf dem mit Moos, Ästen und kleinen Steinen bedeckten Waldweg liegt, herumzulenken. Als er bemerkt, daß du aufgewacht bist, zeigt er mit eisiger Miene nach vorne, wo sich der Weg hinter einer mit dichtem Unterholz bewachsenen Anhöhe verliert: »Wenn das bloß*

*kein Überfall ist, Hoheit! Wir sollten lieber auf die Nachhut
warten.«*
Inzwischen ist die Kutsche mit lautem Geächze vollständig
zum Stehen gekommen. Die Pferde blasen weiße Dampfwol-
ken in die herbstlich kalte Luft. Dann strecken sie unter dem
Geklirre und Geklapper ihres Geschirrs ihre Hälse nach vorne
und mustern den Waldboden. Auf einmal ist es sehr still. Du
kannst sogar die Tropfen hören, die von den regennassen Bäumen auf den Waldboden fallen. »Wo bleibt bloß unsere Nachhut, Hoheit?« flüstert der Kutscher. Das Scharren eines Pfer-
dehufs klingt verräterisch laut in den Wald hinein. Immer
noch ist von den nachfolgenden Kutschen mit dem Gold-
schatz, den Vorräten, den Dienern und den bewaffneten Reiten nichts zu sehen. Da, Hufgetrampel – aber von vorne! »Das
kann nicht die Nachhut sein. Rasch, Hoheit, fliehen Sie!«
raunt dir der Kutscher ins Ohr und schubst dich vom Bock.
Vor Angst spürst du ihn gar nicht, den Aufprall auf dem
nassen Waldweg. Dein Herz rast. Du beginnst zu rennen,
Zweige schlagen dir ins Gesicht, Büsche stellen sich dir in den
Weg. Deine Hände bluten. Von hinten hörst du Schreie, Waf-
fenlärm, dann Hufgetrampel. Du rennst, rennst, rennst.
Wie weit du durch den herbstlich regennassen Wald gelau-
fen bist, wie oft du auf dem feuchten Laub ausgerutscht und
über morsche Äste und Stämme gestolpert bist, weißt du nicht
mehr. Völlig entkräftet, schmutzig und durchnäßt bleibst du
vor einer kleinen Felsenhöhle liegen. Deine zerzausten Haare
hängen dir in Strähnen in dein schmutziges Gesicht. Mit letz-
ter Kraft schleppst du dich in das Innere der Höhle, rollst dich
in einer Ecke zwischen Laub, Moos und Steinen in deinen
zerlöcherten roten Mantel und schläfst ein ...

Beende den Tagtraum mit deinem Auszeitenderitual.

Die Kurzen

Dein Tagesablauf ist durchsetzt von einer Reihe kurzer Leerzeiten, die du gut für Kurztagträume nutzen kannst. Selbst unter Zeitmangel kannst du erfrischende Tagträume haben, die dich für den Rest deines Tages beflügeln und froh stimmen. Auch deine Kurztagträume sollten aus den charakteristischen Schritten aufgebaut sein, die einen geplanten Tagtraum auszeichnen:

• Tagtraumplan
• Auszeiteingang mit Ritual
• Leerzeit mit Ritual
• Tagtraumhandlung
• Leerzeit mit Ritual
• Auszeitende mit Ritual

Wegen der zeitlichen Begrenztheit (beispielsweise weil die Arbeitspause nur 15 Minuten dauert) dürfen alle diese Einleitungs- und Ausleitungsverfahren nur ein Minimum an Zeit kosten. Das ist bei entsprechender Routine durchaus machbar. Auf eine Einleitung kannst du bei extrem kurzen Tagträumen verzichten.

Bei sehr kurzen Zeitspannen kannst du ein Thema auch auf mehrere aufeinanderfolgende Kurztagträume aufteilen. Beschränk dich auf ein Thema.

Fragst du dich, ob Kurztagträume genauso intensiv sein können wie lange Tagträume? Natürlich können sie das! Gerade die Knappheit an Zeit erlaubt keine Trödeleien oder Konzentrationsmängel. Es stellt sich durchaus als Vorteil heraus, Störfaktoren nicht beseitigen zu können, sondern sie übersehen zu müssen. Während du beispielsweise bei einem langen und tiefen Tagtraum minutenlang mit dem Zurechtrücken deines Körpers beschäftigt bist und dann immer noch irgendwo etwas drückt, du schläfrig wirst oder Durst bekommst, mußt und kannst du diese Phase beim Kurztagtraum einfach überspringen.

Tagtraumentspannen im Büro

Mach es dir auf deinem Bürostuhl bequem. Wenn es geht, dann leg deine Beine hoch. Vielleicht findet sich auch eine Liege. Überleg dir dein Tagtraumthema. Entspannung ist angesagt! Wenn du in deinem Büro regelmäßig tagträumst und dazu Utensilien verwendest (Bücher, Bilder, Walkman oder CD-Spieler, Düfte), schaff dir einen Behälter an, in dem du diese Utensilien platzsparend verstauen und sie auch jederzeit schnell wieder hervorholen kannst. Körbe eignen sich gut dazu oder kleine Klappbox-Systeme oder auch ein ausrangiertes Köfferchen.

Entspann dich während deiner Pause im Büro. Nimm dir beispielsweise vor, einen leichten Wind durch die Wände deines Büros wehen zu lassen. Führ dein Auszeiteingangsritual und dein Leereritual durch.
... Und nun laß ihn wehen, den Wind der Entspannung. Laß ihn wehen durch die Wände deines Büros, an deinem Schreibtisch vorbei, durch den Stapel deiner Arbeit hindurch. Zuerst nimmst du nur eine milde Brise wahr, die einige bunte Schmetterlinge in dein Büro trägt und dich verstohlen an den Haaren zupft. Doch bald wird der Wind stärker, und du spürst, wie er sehr wohltuend durch deine Kleidung bläst, um an deiner Müdigkeit, Abgespanntheit und Arbeitsunlust zu nagen. Wie Eis in warmem Wasser schmelzen deine negativen Gefühle dahin und werden ersetzt durch Kraft, Leistungsbereitschaft und Lebensfreude. Nun beginnt der Wind kräftig zu blasen. Machtvoll fegt er über deinen Schreibtisch und rüttelt und zerrt an den Papierblättern deiner Kollegen ...

Es wird Zeit den Tagtraum zu beenden. Der Wind legt sich.
Du führst dein Leereritual durch, dann dein Auszeitenderitual
und bewegst deinen Körper.

Deine Kollegen werden heute wieder über deine Schaffens-
kraft und Lebensfreude staunen.

Kurze Tagtraumexkursionen während einer Fahrtpause

Unser Leben ist von einem hohen Grad an Mobilität geprägt.
Wir verbringen viel Zeit in Verkehrsmitteln, unter anderem
auch hinter dem Steuer unserer Autos. Bei längeren Fahrt-
strecken bietet es sich an, Pausen einzulegen. Und diese Pausen sind ideal für kurze Tagtraumexkursionen.

Mach es dir in deinem Wagen bequem. Verriegle die
Türen. Zieh deine Schuhe aus, kurble die Rückenlehne
nach unten, oder leg dich auf den Rücksitz. Leg dein Tagtraumthema fest. Du kannst dir beispielsweise vorstellen, in
einem Baumhaus zu ruhen und das Geschehen in den Kronen
der Waldbäume um dich herum zu beobachten. Führ dein
Auszeiteingangsritual und dein Leereritual durch.
... Und schon fühlst du das sanfte Schwanken des Baumes
im milden Sommerwind. Du befindest dich in einem Baum-
haus mitten im grünen Blätterdach der Baumkrone einer statt-
lichen Eiche. Um dich herum ist die milde Luft erfüllt von
einem Gezwitscher und Geträller, von einem Gesumse und
Gebrumme. Da, auf dem Nachbarbaum, im dichten Grün der
Blätter nur zu erahnen, ist gerade ein Eichhörnchen vorbeige-
huscht. Das Grün der Blätter ist derart intensiv und zugleich
mild, daß es bald dein ganzes Denken erfüllt. Du genießt die-
ses entspannende Gefühl des sanft schaukelnden grünen Ent-
hobenseins für einige Minuten.
Dann vollziehst du dein Leereritual, kehrst in deinen Körper im Auto zurück, führst dein Auszeitenderitual durch und

bewegst deinen Körper. Laß die im Tagtraum gewonnene Erholung und das Gefühl des Ausgeruhtseins bei der nun anschließenden Autofahrt noch lange nachschwingen. Du wirst so viel entspannter an deinem Fahrtziel ankommen.

Wenn es gerade sehr heiß ist und dein Auto sich trotz Klimaanlage anfühlt wie ein Backofen von innen, dann kannst du dir das Baumhaus im Winter vorstellen.

Führ dein Auszeiteingangsritual und dein Leereritual durch.

... Du sitzt auf dem schneebedeckten Boden des Baumhauses, die Beine eng an deinen Körper geschmiegt. Durch Öffnungen in den Bretterwänden an den Seiten des Baumhauses treibt der eiskalte Wind Schneeflocken an deinen Füßen vorbei, wirbelt in der Ecke einige trockene Blätter hoch und verliert sich draußen zwischen den kahlen Ästen. Dein Blick gleitet über ein Meer aus winterlich entlaubten Bäumen. Die Luft riecht nach Schnee, und aus der Ferne ertönt das hohle Gekrächze einer Krähe. Der kalte Wind umfängt dich und trägt die Reste der Hitze deiner Alltagswelt mit sich fort, weit weg zu den kahlen Ästen, die sich im Wind auf und ab bewegen, so als wollten sie dir für das bißchen Wärme danken ...

Führ nun dein Leereritual durch, und kehr wieder zurück in dein Auto. Führ dein Auszeitenderitual durch, und beweg deinen Körper.

Der Muntermacher vor dem Frühstück

Es ist früher Morgen. Du bist gerade aufgewacht. Noch etwas schlaftrunken kannst du dir eine Reihe wundervoller Tagtraumübungen gestalten, die dich so richtig munter machen.

Du planst ein erfrischendes Bad in einem klaren See inmitten einer unberührten und herrlichen Natur. Führ dein Auszeiteingangsritual und dein Leereritual durch.

... Wo eben noch dein Bett stand, da ruht nun ein brauner Holzsteg auf dicken, aus den Tiefen des Wassers ragenden

Holzpfosten. Die glatten, noch vom Tau der Nacht feuchten Holzbretter dampfen im Licht der wärmenden Morgensonne. Rechts und links des Stegs verliert sich das Ufer des Sees in den aufsteigenden Schwaden des Morgennebels. »*Es wird wieder ein herrlicher Tag!*« *denkst du und gleitest in das klare Wasser. Erfrischende Kühle umfängt dich. Mit langen, ruhigen Schwimmstößen entfernst du dich vom Steg, siehst, wie er langsam im Nebel verschwindet, hörst aus der Ferne im Ufergebüsch die Vögel ihren Morgengesang anstimmen, vernimmst das Platschen von aus dem Wasser schnellenden Forellen.*

Genieß diese Atmosphäre! Fühl die ersten Strahlen der erwachenden Morgensonne auf deiner Haut, atme die reine, frische, heilende Luft! Verharre einige Zeit in dem Gefühl von Ruhe und Einssein mit der Natur. Dann schwimm zurück zu dem Steg ...

Vollzieh dein Leeritual und dein Auszeitenderitual. Beweg deinen Körper. Du liegst jetzt wieder im Bett. Als nächstes kannst du aufstehen, dich duschen und die Atmosphäre des Morgensees noch für viele Stunden in dir tragen.

Probier auch ruhig einmal *Ultrakurztagräume* aus. Wie wäre es mit 30 Sekunden Entspannung? Oder mit zehn Sekunden Erotik? Bei Ultrakurztagträumen müssen die Auszeitrituale und das Leeritual absolut routiniert sein. Tipp sie nur kurz an. *Und dann nimm zehn Sekunden deinen Traumpartner in den Arm, steig 15 Sekunden in ein wohlig warmes Bad, oder stell dich fünf Sekunden mitten in einen Wasserfall.*

Die Erholsamen

Was machen wir, wenn wir uns von einer anstrengenden Arbeit erholen? Gehen wir dann gleich ins Bett, machen das Licht aus und versuchen zu schlafen? Nein! Erholung ist für die meisten Menschen gleichbedeutend mit »Ablenkung« und »Spaß haben«. Wir erholen uns beim Sport, beim Spazierenge-

hen, beim Fernsehen, beim Essen, beim Musikhören, oder wir
geben uns einfach unseren Tagträumen hin. Gerade Tagträume lassen sich zu einem höchst effektiven Erholungskurz-
urlaub kultivieren.

Nach einem anstrengenden Arbeitstag

Wenn du nach einem anstrengenden Arbeitstag nach
Hause kommst, mach es dir zunächst bequem. Zieh bequeme Kleidung an, wasch dich, oder leg dich in die Badewanne, iß eine Kleinigkeit. Wenn dir nichts mehr auf die Seele
drückt, was du noch erledigen mußt, kannst du dich hinsetzen
und dir Tagtraumentwürfe überlegen. Tagträume am Abend
nach einem anstrengenden Arbeitstag, die der Erholung dienen sollen, werden meist einen beruhigenden Inhalt haben.
Nur selten werden sie sich mit deiner Alltagswelt beschäftigen.
Nach einem anstrengenden Arbeitsalltag wirst du möglicherweise vom Urlaub träumen oder das nächste Wochenende planen. Vielleicht willst du dich einfach nur eine halbe Stunde
lang in deine inneren Freiräume zurückziehen, bevor du noch
einmal unter Leute gehst.

Mach es dir bequem an deinem Tagtraumort, bestimm dein
Tagtraumthema, überleg dir einen passenden Handlungsplan,
entspann dich. Führ dein Auszeiteingangsritual durch und
dann dein Leereritual.
  *... Ruh dich aus auf deiner Alm hoch über dem Tal! Von
hier oben hast du einen wundervollen Blick über Wiesen und
Wald. Das Spiel von Sonne und Wolken malt dunkle und
helle Flecken in das satte Grün. Aus der Ferne hörst du Kuh-
glocken. Mit Frieden im Herzen sitzt du auf der kleinen
Holzbank vor der Tür deiner Almhütte. Rechts neben dem
kleinen und schon sein langer Zeit unbenutzten Ziegenstall
fließt plätschernd kaltes, klares Gebirgswasser aus einem aus-
gehöhlten Baumstamm in einen löchrigen Holztrog. Du fühlst*

dich unendlich wohl. Noch nie bist du hier oben von anderen Menschen gestört worden. Du atmest tief durch und spürst, wie die frische Bergluft mit jedem Atemzug einen Teil der Anspannung deines Körpers löst und sie mit dem Wind in weite Fernen trägt. Ruhe erfüllt dein gesamtes Denken und Fühlen.

So sitzt du lange Zeit da und beobachtest die Wolken und das Spiel von Licht und Schatten auf den Wiesen im Tal. Nur ab und zu stehst du auf, um deine Hände in das kalte Wasser des Holztrogs zu tauchen. Auch hier oben geht der Tag zu Ende. Es wird Nacht. Die Luft ist frisch, und über dir leuchten Milliarden von Sternen. Du kannst ihren glitzernden Widerschein sogar auf der bewegten Wasserfläche des Holztrogs erahnen. »Irgendwann einmal«, so denkst du dir, »bleibe ich hier.«

Beende deinen Tagtraumausflug, indem du dein Leerritual und dein Auszeitenderitual durchführst. Dann beweg deine Gliedmaßen, schüttle deinen Körper und steh auf. Bewahr die auf deiner Alm erlebte Klarheit, Leichtigkeit und Ruhe möglichst lange in dir.

Serientagträume und lange Tagträume

Tagträume geben dir Kraft, bereichern dein Denken mit neuen Ideen, helfen dir gesund zu werden, schenken dir Momente reiner Freude. Doch erst die langen Tagträume vermitteln die Illusion eines zweiten Lebens. Wenn du regelmäßig an einem Serientagtraum träumst, dann bist du Teil einer anderen Welt, deren Wichtigkeit und Aktualität insbesondere zur Zeit deiner gerade ablaufenden Tagtraumerlebnisse in nichts deinem Lebensalltag nachstehen. Auf diese Weise erlebst du deine Tagtraumthemen viel intensiver. Du erfährst deine Promblembereiche hautnah und entdeckst ausgefallene Problemlösungen, die du mit bloßem Nachdenken nie gefunden hättest. Serientagträume mit ihrer Vielzahl an Wiederholungen und dem in ihnen besonders leicht praktizierbaren Versuch-Irrtum-Verhalten werden dir eine große Menge wertvoller Anstöße für dein Alltagsleben geben.

Tagträume, die du in Serie erlebst, etwa in dem Sinn, daß du jeden Abend eine halbe bis zwei Stunden tagträumst, bereiten in bezug auf den thematischen Reichtum ihrer Handlung meist keine Probleme (etwa in dem Sinn, daß dir nach einiger Zeit dein »Traumstoff« ausgeht). Im Gegenteil: Sehr viele meiner Tagtraumschüler berichten, daß sie oft die Tagtraumhandlung vom Vortag wiederholen, weil sie so spannend war oder weil sie noch an erlebensmäßigen Kleinigkeiten feilen wollten. Und in der Tat hat jeder Mensch sein Lieblingsthema. Sobald du einmal gelernt hast, routinemäßig intensiv tagzuträumen, wiederholst du gerade solche Episoden, die dir am meisten geben, in vielen unterschiedlichen Facetten.

So kommt es, daß der regelmäßige Tagträumer oft wochen- oder monatelang immer wieder den gleichen Tagtraum mit leichten thematischen Abweichungen erlebt. Solange dir ein Thema einen Kick gibt, solange du Antworten auf offene Fragen erhältst, solange es deiner Gesundheit hilft, wirst du nur ungern andere Themen wählen.

Während daher der In-Serie-Träumer kaum Schwierigkeiten bei der Erstellung und tagträumenden Umsetzung seines Tagtraumplans hat, können bei dem Langtagträumer, der sich einen ganzen Tag oder gar ein ganzes Wochenende in die Welt seiner Phantasie zurückzieht, schon thematische Probleme auftreten. Ihm geht möglicherweise sein Tagtraumstoff aus. Je umfangreicher die Tagtraumhandlung werden soll, desto unübersichtlicher gerät dein Plan. Bedenke, daß du dir den Plan (in wenigen Stichworten) durch die Leere-Übung hindurch merken sollst.

Aus jahrelanger Erfahrung kenne ich die Folgen chaotischer Entwürfe. Oft verschätzt sich der Tagträumer in bezug auf die Lage von Szenen, die ihn in Hochstimmung bringen oder wichtige Ideen für seinen Alltag liefern: Dauert es zu lange, bis sie eintreten, dann verliert er das Interesse an der ganzen Traumhandlung. Liegen sie im Traumverlauf zu früh, dann vermitteln sie ihm keine freudige Erregung, weil sich noch keine Spannung aufbauen konnte. Möglicherweise sieht der Tagträumer dann nicht mehr ein, weshalb er nach seiner Schlüsselszene noch weiterträumen sollte. In beiden Fällen können Enttäuschung und Frustration die Folge sein.

Es gibt jedoch einige einfache Regeln, um derartige Probleme zu umgehen und eine knisternde Spannung aufzubauen, die sich gegen Ende des Tagtraums in einem Feuerwerk aus Gefühlen und neuen Erkenntnissen entlädt.

Tagträume sollen nicht länger als zwei Stunden dauern. Hast du vor, länger als zwei Stunden zu tagträumen, dann plan Pausen ein, in denen du den thematischen Aufbau deines Tagtraums von neuem überdenkst und eventuelle Korrekturen an deinem Plan vornimmst. Versuch aber auch während solcher Pausen in der Denk- und Gefühlswelt des Tagtraums zu verweilen: Leg dir Literatur über dein Tagtraumthema bereit.

Wenn dich deine Tagtraumreise in den Indischen Ozean oder in die Südsee führt, dann halt einen Bildband bereit mit großen bunten Bildern palmenbewachsener Tagtrauminseln. Wenn du während deines Tagtraumwochenendes an der Seite Napoleons halb Europa eroberst, dann besorg dir Bilder von den damaligen Uniformen, lies dich in die Geschichte der napoleonischen Kriege ein, mach dich mit den Stärken, Schwächen und Eigenarten der damaligen Fürsten vertraut, finde oder *er*finde eine Liebesgeschichte, die du, wie einen goldenen Faden, in die Handlung mit einflichst. Wenn du in deinem Tagtraum einen Fernseh- oder Kinofilm nachträumst, dann sieh dir besonders interessante Sequenzen aus dem Film wiederholt an und entwirf ein alternatives Drehbuch.

Wenn du nach der Pause wieder in den Tagtraum einsteigst, dann beginn mit deiner Tagtraumhandlung nicht exakt da, wo du deine letzte Tagtraumepisode beendet hast, sondern wiederhol einen Teil der vorangehenden Tagtraumepisode. Mach auf diese Weise aus deinem langen Tagtraum eine lange Serie von jeweils einstündigen Tagträumen. Du hast mehr Freude an einer Reihe von kurzen bis mittellangen Tagträumen, als wenn du einen überlangen Tagtraum am Stück durchführst. Vor allem kannst du so deine Schlüsselszenen immer und immer wieder neu erleben.

* * *

Lange Tagträume, die sich mit Unterbrechungen über mehrere Tage erstreckten, wurden mir von meinen berufstätigen Tagtraumschülern eher selten berichtet. Wenn solche Tagträume absichtlich eingeleitet wurden, dann hatte das meist seinen Grund in der aktuellen Lebensgeschichte der Person. So berichtete mir neulich ein befreundeter Arzt, daß er immer nach seinem Nachtdienst (der ja in Wirklichkeit zwei volle Tage lang ist) gerne für einen ganzen Tag in seine Phantasiewelt abtaucht und nur schläft, tagträumt, ißt, wieder schläft und wieder tagträumt. Offensichtlich spielen bei dem Zustandekommen von extrem langen Tagtraumfolgen äußere Umstände eine große Rolle. Bei meinen Untersuchungen über Tagträume stelle ich immer wieder fest, daß Menschen vor allem dann ihre Tagträume ausweiten, wenn ihnen die nötige Zeit dafür zur Verfügung steht.

Eine Teilnehmerin meiner Tagtraumgruppe mußte wegen gesundheitlicher Probleme einige Tage im Krankenhaus verbringen. Nachdem sie wieder genesen war, vertraute sie mir an, daß sie besonders in ihrem Krankenhausbett sehr lange und sehr intensiv in realistisch-klaren Tagträumen schwelgen konnte. Nach meiner Rücksprache mit dem behandelnden Arzt stand sie aber weder unter bewußtseinsverändernden Drogen noch unter Beruhigungsmitteln. Man hatte ihr nicht einmal ein Schmerzmittel verabreicht. Ihre überlangen intensiven Tagträume erklärte sie mir damit, daß sie sich endlich einmal Zeit nehmen konnte, um an den Orten ihrer Träume zu schwelgen!

Lange Tagträume, bei denen du körperlich in deiner Wohnung, in deinem Haus, in einem Hotelzimmer oder in einem Krankenhausbett anwesend bist, erfordern jedoch auch eine Reihe von Vorbereitungsmaßnahmen.

Sorge dafür, daß genug Essensvorräte zur Verfügung stehen, denn du mußt ja zwischendurch essen. Stell in deiner Wohnung oder deinem Haus möglichst viele thematische Bezüge zu deinem Tagtraumthema her. Schmück deine Wohnung oder dein Haus mit Bildern und Gegenständen, die dich an Szenen aus deinem Tagtraum erinnern. Die Bilder können auch selbstgemalt sein. Beherzige gleichfalls die anderen Ratschläge, die ich im Kapitel über die oberflächlichen Tagträume, Seite 160, und im Kapitel über deinen Tagtraumort, Seite 62, gegeben habe.

Um in der Stimmung der jeweiligen Tagtraumhandlung zu bleiben, solltest du in Pausen deinen Langzeittagtraum als oberflächlichen Tagtraum weiterführen. Wenn dich beispielsweise dein Tagtraumthema im Verlauf einer Weltraummission zu den Grenzen des Universums führt, dann solltest du während deiner Essenspausen *in der Mensa des Raumschiffes Weltraumgerichte* essen. Wenn du dich wäschst oder badest, dann sollte das nicht in deinem heimischen Badezimmer stattfinden, sondern *in dem Mannschaftswaschraum eures Transportraumschiffes* oder *in einem Waschzuber auf einem fremden Planeten.* Sorg vor allem dafür, daß du in deiner Tagtraumstimmung nicht allzusehr von deiner Umwelt gestört und abgelenkt wirst. Sag, du seist verreist. Stell deine Haus- oder Wohnungsklingel ab. Besprich deinen Anrufbeantworter neu. Kündige an, daß du die nächsten zwei Tage nicht gestört werden möchtest.

Im Zusammenhang mit Serientagträumen, die in einem festen zeitlichen Rahmen ablaufen, werde ich immer wieder gefragt, ob denn die Auszeit- und Leererituale nur einmal durchgeführt werden sollen oder ob bei jeder Änderung des Tagtraumtypus Rituale notwendig sind. Bei jeder Änderung des Tagtraumtypus solltest du das betreffende Ritual anwenden. Stell dir beispielsweise vor, du träumst einen Tagtraum mit dem Thema »Wanderung zu einem Gletscher in Alaska«. Im Rahmen dieses Themas kannst du sowohl leichte und oberflächliche Tagträume durchspielen als auch sehr tiefe und ergreifende. Auch wenn du viel Zeit hast, wirst du einen tiefen Tagtraum dann und wann unterbrechen müssen, etwa weil du durstig bist, frühstücken möchtest oder weil es dich zur Toilette drängt. Sobald du einen Tagtraum unterbrichst, ist es zwingend notwendig, daß du zumindest dein Leerritual vollziehst, bevor du von deinem Tagtraumplatz aufstehst.

Ein Tagtraumthema, beispielsweise das der »Wanderung zu einem Gletscher in Alaska«, läßt sich in vielen verschiedenen Abstufungen träumen. Wenn du, in deiner realen Welt, nach dem Frühstück baden möchtest und zugleich in deiner Alsaka-Tagtraumwelt bleiben willst, dann kannst du in der Badewanne deinen Alaska-Tagtraum im Rahmen eines oberflächlichen Tagtraums fortsetzen: Mach dein Badewasser nicht zu warm. Gib keinen Badezusatz hinein. Stell eine Schale mit Eiswürfeln bereit, die du nach und nach im (körperwarmen!) Badewasser auflöst. Nach dem Bad begibst du dich an deinen Tagtraumort, gehst in Gedanken deine bisherige Tagtraumhandlung durch, vollziehst dein Leerritual und setzt deinen Tagtraum fort:

... Du drehst dich noch einmal um zu der mit Wasser gefüllten Felskuhle, in der du gerade gebadet hast. Einige Eiswürfel schwimmen immer noch obenauf. Keine hundert Meter entfernt erheben sich die in pastellfarbenen Grün- und Blautönen schimmernden Eismassen des riesigen Gletschers. Die Luft ist erfüllt vom Geräusch des Schmelzwassers, das mit

einem vielstimmigen Gegluckse und Geplätscher in unzähligen Bächen und Bächleins am Fuß und an der Seite des Gletschers zwischen Felsspalten hervortritt. Immer wieder ertönt das Krachen abstürzender Eisblöcke. Eisige Luft weht herüber und vermittelt einen eigenartigen Kontrast zu der Wärme der über der Bucht stehenden Sonne. Die Stimme deines Reiseführers reißt dich aus deinen Gedanken. Es ist Zeit zum Aufbruch. Du schulterst deinen Rucksack und wirfst noch einen wehmütigen Blick auf den grandiosen Eisriesen. Dann drehst du dich um und folgst deiner Reisegruppe zum Ankerplatz eures Schiffes ...

Die Erotischen

In anonymen Umfragen unter meinen Tagtraumschülern stellte ich immer wieder fest, daß sich der größte Teil der Tagtraumentwürfe inhaltlich auf das Zusammenleben mit anderen Menschen bezieht. Ein bedeutender Teil dieses zwischenmenschlichen Bezugsrahmens hat mit dem Austausch von Zärtlichkeiten zu tun.

Auch in der Literatur psychologischer Fallbeispiele stellt die Sehnsucht nach Liebe und Zärtlichkeit einen der wichtigsten Kristallisationspunkte menschlichen Denkens und Strebens dar. Manch einer sucht sein Leben lang vergebens nach dem Partner, der ihm glückselige Liebe und behütete Zärtlichkeit geben kann. Und gerade wenn es um Herzensangelegenheiten geht, versuchen viele Menschen logisch zu denken, weil sie viel zu oft enttäuscht worden sind, wenn sie sich »nur« auf ihre Gefühle verlassen haben. Doch weder das Denken noch das Fühlen *allein* kann dir die richtigen Antworten auf die Fragen deines Herzens geben. Du brauchst eine Bühne, auf der du nicht nur deine intimsten Wünsche uneingeschränkt zugeben kannst, sondern auch einen möglich hohen Wirklichkeitsgehalt deiner Handlungen erreichst. Diese Plattform sind deine eigenen Tagträume. Absolute Privatheit ist *garantiert*. Deine Tagträume sind nur dir zugänglich.

Gib zu, was bei dir einen Schauer glückseligmachender Gänsehaut erzeugt und wie du dich völlig fallen lassen kannst, denn bei deinen Tagträumen sieht dir niemand zu. Finde heraus, welchen Lebenspartner du über den Tag hinaus mit ehrfurchtsvoller tiefer Liebe beschenken kannst und in dessen Armen du dich dauerhaft geborgen fühlst, denn in deinen Tagtraumwelten ist deine gesamte Lebenserfahrung anschaulich präsent. Entdecke, was dich an einem möglichen Partner langweilen, abstoßen oder ärgern würde, bevor du dich näher mit ihm einläßt.

* * *

Gewöhnlich sind Tagträume erotischen Inhalts von starken Gefühlen begleitet. Das hat Vorteile aber auch Nachteile. Einerseits helfen dir starke Gefühle bei der Überwindung deiner eigenen Bequemlichkeit, selbst wenn du gerade zu faul für einen Tagtraum bist, wird dich deine Sinnlichkeit nicht eher ruhen lassen, bis du in einer erotischen Phantasie nach einer Möglichkeit suchst, deinen Hunger nach Liebe und Zärtlichkeit zu stillen. Andererseits kann deine erotische Kraft auch derart überhandnehmen, daß du überstürzt einen Tagtraum beginnst, ohne dir einen Plan zu überlegen und ohne deine Rituale durchzuführen.

Außerdem sind Tagträume sexuellen Inhalts *die* Art von Tagträumen, die zu den meisten Enttäuschungen führen. Besonders ungeübte Tagträumerinnen und Tagträumer meinen, in ihrem erotischen Tagtraum bis zu dem Gipfel ihrer Lust kommen zu *müssen*. Jedes Forcieren eines Orgasmus erhöht jedoch die Wahrscheinlichkeit, aus dem Tagtraum geworfen zu werden.

* * *

Du kannst diesen Problemen aus dem Weg gehen, wenn du deine erotischen Tagträume konsequent nur als Einstimmung auf deine richtigen Partner in deiner richtigen Welt betrachtest. Üb in deinen Tagträumen neue zärtliche Liebestechniken. Teste, wie du deinen Partner / deine Partnerin überraschen und verwöhnen kannst.

Hüte dich vor allem davor, deine erotischen Tagträume zu einer Ersatzbefriedigung verkommen zu lassen. Wenn du das Gefühl hast, daß du deine erotischen Tagtraumerlebnisse der Erotik mit einem echten Partner aus der Alltagswelt vorziehst, etwa weil du keine Lust hast, abends noch wegzugehen oder weil es dich nervt, dich auf andere Menschen einzulassen, dann überleg dir gut, ob du dir durch deine Tagtraumerlebnisse nicht Chancen für eine tiefe Partnerschaft in deiner Alltagswelt verbaust. Sei dir immer klar, daß es dein Alltagsleben ist, für das dir Tagträume Anregungen geben sollen.

Falls alle diese Bedenken keine Rolle für dich spielen, wünsch ich dir viel Spaß bei deinen erotischen Tagträumen!

Flirts und Liebeleien

Jede Kontaktaufnahme mit einem Menschen birgt die Gefahr der Zurückweisung. Willst du die zärtliche Annäherung üben ohne das beunruhigende Gefühl möglicher Enttäuschung im Nacken, dann üb sie in Form realistisch-klarer Tagträume. In einem realistisch-klaren Tagtraum brauchst du keine Zurückweisungen zu fürchten. Du selbst bestimmst deine Traumhandlung in allen ihren Einzelheiten. Du bestimmst daher auch die Aktionen und Reaktionen deiner Tagtraumpartner. Also keine Angst vor Zurückweisungen bei deinen Liebestagträumen!

Entwirf deine Tagtraumhandlung. Als räumliche Umwelt für Tagtraumflirts und Tagtraumliebeleien wähl zunächst eine Tagtraumversion deiner Alltagswelt. Als Tagtraumpartner wählst du Menschen, die du aus deinem Alltagsleben kennst: Arbeitskollegen, Nachbarn, flüchtige Bekannte oder Personen der Öffentlichkeit wie Filmschauspieler, Filmhelden oder Personen aus der Politik. Durch eine Tagtraumhandlung innerhalb bekannter räumlicher und personeller Strukturen ersparst du dir zunächst die Dreifachbelastung, neben der Einleitung einer erotischen Handlung auch noch fremde Umgebungen und fremde Personen erschaffen zu müssen.

Teste in deiner sinnlichen Tagtraumhandlung, wie du beim Flirten wirkst. Erleb die unterschiedlichsten Arten von Erotik, angefangen mit zarten Flirts bis hin zu wilden Knutschereien. Erfühl deinen Idealpartner. Durchlauf mit ihm Tagtraumzärtlichkeiten. Überleg dir, ob du mit ihm eine Nacht verbringen möchtest, eine Woche, einen Urlaub, ein ganzes Leben.

Beispiele für Tagtraumflirts findest du in beinahe allen Romanen, Filmen und Bühnenstücken und auch in deinem Alltag. Flirts sind das Salz unserer zwischenmenschlichen Beziehungen. Wenn du daher Flirts als Hauptthema eines Tagtraums einsetzt, dann sei dir bewußt, daß du immer eine übergreifende Handlungsstruktur benötigst, in die dein Flirt-Tagtraumerlebnis eingebettet ist. Und diese Tagtraumstruktur kannst du, falls du das noch nicht getan hast, aus deiner Wunschliste ableiten. Tagtraumflirts und Tagtraumliebeleien können dir einen hohen Grad an Genuß, Freude, Behagen und Befriedigung schenken. Betrachte sie aber bitte immer in ihrem Zusammenhang zu deinem Alltagsleben. Sie erfüllen keinen Selbstzweck, sondern sollen dir helfen, dich zwischen verschiedenen Partnern zu entscheiden, erotische Techniken einzuüben und Sicherheit in der Kunst zu erlangen, anderen Menschen Freude zu bereiten.

Ein Spiel mit vertauschten Rollen

Hast du dich nicht schon gefragt, wie deine Partnerin oder dein Partner empfindet, wenn du zärtlich zu ihr oder zu ihm bist? Auf dem Weg über deine Tagträume hast du nun die

Möglichkeit, deine Zärtlichkeit aus der Sicht *des* Menschen zu erleben, dem du sie gibst.

Begib dich an deinen Tagtraumort oder – wenn möglich – in euer Liebesnest. Leg dich *so* hin und nimm *die* Stellung ein, die dein Partner einnimmt, wenn ihr zärtlich zueinander seid. Führ dein Auszeiteingangsritual durch, und entspann dich. Führ dein Leeritual durch, und stell dir vor, du wärst jetzt dein Partner oder deine Partnerin. Versuch so wie er oder sie zu denken und zu empfinden.

Gewöhn dich an dieses Gefühl. Laß dir Zeit. Dann stell dir euer Liebesspiel vor. Fühl, was deine Partnerin oder dein Partner empfinden könnte, wenn du dich ihr oder ihm näherst. Verhalte dich so, wie deine Partnerin oder dein Partner sich in euren zärtlichen Stunden und bei eurem Liebesakt verhält, und versuch zu erspüren, wie es sich anfühlt. Probier verschiedene zärtliche Verhaltensweisen und erotische Stellungen aus und teste ihre mögliche Wirkung. Was macht nur dir Spaß? Was könnte deiner Partnerin oder deinem Partner Spaß machen? Wo liegt der Weg, der euch beide zu einem Höchstgenuß an Liebe, Zärtlichkeit und glückseliger Lust führt?

Zwar ist dieses tagträumende Austesten des *Wie-es-möglicherweise-für-meinen-Partner-Ist* keine Garantie dafür, daß du bei eurer nächsten zärtlichen Vereinigung alles richtig machst, denn jeder Mensch erlebt die Welt anders. Und doch läßt sich aus eurer Liebesbeziehung und eurem gegenseitigen Vertrauensverhältnis auf eine Ähnlichkeit in den wesentlichen Punkten eurer Lebenseinstellung schließen. Das heißt, ihr besitzt wahrscheinlich ähnliche Vorlieben, Abneigungen, Stärken, Schwächen, Sympathien und Antipathien. Aufgrund dieser Ähnlichkeiten kann davon ausgegangen werden, daß du über deine Tagträume mit dem Thema »Wie fühle ich mich in der Rolle meiner Partnerin bzw. meines Partners?« bereits viel über die Vorlieben deines geliebten Menschen erfahren kannst.

In deinen Liebesträumen mit vertauschten Rollen solltest du dir auch vorstellen, wie du im Körper deines Partners deinen (eigenen) Alltagskörper streichelst. Fahr im Rahmen eines oberflächlichen Tagtraums genußvoll über deine ganze Haut, und genieß es, gleichzeitig zu streicheln und gestreichelt zu werden. Verbinde die Empfindungen beider Körper.

Die Spannenden

Unser heutiges Leben ist sehr abgesichert. Wir haben kaum noch die Gelegenheit, uns in wirklich gefährlichen Situationen bewähren zu müssen. Doch anscheinend brauchen wir die Bewährung in der Gefahr für unser persönliches Selbstwertgefühl. Wie sonst ließe sich die enorme Beliebtheit von Extremsportarten erklären, bei denen vor allem junge Erwachsene Kopf und Kragen riskieren?

Für eine regelrechte Sehnsucht nach gefährlichen Situationen spricht auch die bereits seit mehr als zehn Jahren anhaltende Hochkonjunktur für Weltuntergangsszenarien. Die Kinos sind voll davon. Filme, Romane und Computerspiele scheinen uns die eine Botschaft vermitteln zu wollen: Bewähre dich in der Gefahr – und überlebe!

Doch wo kannst du die Gefahr am realistischsten und mit *allen* Sinnen erleben und trotzdem nicht zu Schaden kommen? Nur in deinen realistisch-klaren Tagträumen!

Jede Menge Abenteuer

Action ist angesagt! Möchtest du gerne an der Reeling der Titanic stehen, wenn das Schiff am Eisberg entlangschrammt? Oder willst du lieber zusammen mit dem Roten Baron einen Luftkampf des ersten Weltkriegs bestehen, dich mit Django duellieren oder mit Winnetou ins Abendrot reiten? Mit der Methode des Tagträumens ist das alles kein Problem.

Abenteuertagträume beziehen ihre Dramatik und Lebendigkeit aus der zugrundeliegenden Handlung. Im Gegensatz zu einem Kinofilm, einem Bühnenstück oder einem Computerspiel bist du nicht nur ein auf wenige Sinne beschränkter äußerer Zuschauer, sondern du kannst mit allen deinen Sinnen und vor allem mit deinem ursprünglichen Lebensgefühl und deinem kontrollierenden Willen an dem sich entwickelnden Geschehen teilnehmen.

Die Handlung deines Action-Tagtraums sollte so spannend sein, daß sie dich durch den gesamten Tagtraum »hindurchzieht«. Leg also ganz besonderen Wert auf deinen Tagtraumplan. Schalte eventuell einen oberflächlichen Tagtraum vor deinen eigentlichen Abenteuertagtraum. Beispiele hierfür findest du zuhauf in Romanen, Fernsehspielen und Theaterstücken sowie Kinofilmen.

Der Ablauf deines Abenteuertagtraums entspricht der üblichen Routine zur Tagtraumein- und Ausleitung: Überleg dir einen Tagtraumplan, begib dich an deinen Tagtraumort, führ dein Auszeiteingangsritual durch und entspann dich. Führ dein Leerritual durch und starte deinen Tagtraum.

Tauch ein in die Geschichte

Abenteuertagträume können sich in ihrem Plan an tatsächlich stattgefundenen Episoden der Geschichte der Menschheit orientieren. Wäre es nicht einen Tagtraum wert, bei den Kreuzzügen dabeigewesen zu sein, bei der Entdeckung Amerikas, bei den Kriegen des alten Rom oder dem Aufbau des Mongolenreiches?

Die Struktur geschichtlicher Abenteuertagträume unterscheidet sich im Prinzip nicht von der von Abenteuertagträumen des Actiongenres.

Besorg dir Unterlagen über dein geschichtliches Tagtraumthema. Lies dich in die Geschichte ein. Versuch möglichst viel über die damaligen Akteure zu erfahren. Wie sahen sie aus? Von welchen Krankheiten und Leiden wurden sie geplagt? Welche Intrigen gab es in ihrem sozialen Umfeld? Welche erotischen Beziehungen hatten sie? Präparier dein Tagtraumzimmer. Häng Bilder auf mit Szenen der damaligen Zeit. Bastle Attrappen von früheren Gebrauchsgegenständen oder Waffen, und häng sie an die Wand deines Tagtraumzimmers. Besuch Museen.

Besonders wertvoll für die Themenstellung geschichtlicher Tagträume sind Biographien. Hier erfährst du mehr an Einzelheiten über das Privatleben geschichtlicher Personen, als zu deren Lebzeiten den allernächsten Angehörigen bekannt war.

Das Erleben geschichtlicher Situationen mit dem Medium des Tagtraums ist Geschichtsunterricht aus erster Hand. Im Sinne eines »learning by doing« entwickelst du ein tiefes Verständnis für geschichtliche Abläufe.

Die Nervenzerreißenden

Im Vergleich zu den handlungsgeladenen Abenteuertagträumen mit ihrem großen Reichtum an unterschiedlichsten Gefühlen ist der Handlungsbereich der nervenzerreißenden Tagträume wesentlich enger gefaßt. Meist beschränken sie sich auf die Hervorrufung von Ekel, Angst und Panik. Das Reizvolle an Erlebnissen nervenzerreißender Tagträume ist nicht das unangenehme Gefühl (der Angst, des Ekels, der Panik), sondern seine Überwindung. Offensichtlich bedeutet die Feststellung »Ich habe es geschafft!« eine große Erleichterung. Sie ist die reale Belohnung für die erlittenen Phantasiequalen.

Das Besondere an Gruseltagträumen wie auch an den entsprechenden Romanen und Kinofilmen ist das felsenfeste Wissen: »Ich muß mich gruseln, ich muß mich fürchten, mir wird aber gar nichts geschehen!« Dieses Wissen kommt aus der genauen Kenntnis des Tagtraumplans und verleiht bereits dem aktuellen Tagtraumerleben die Überzeugung, heil wieder aus der Sache herauszukommen.

Auffällig ist, daß die meisten Gruseltagträume meiner Tagtraumgruppe innerhalb einer relativ kurzen Zeitspanne zustande kamen und ausschließlich von Männern stammten.

Bei Gruseltagträumen spürst du möglicherweise neben deiner angenehmen »Gänsehautangst« auch ein unangenehmes Angstgefühl. Diese Angst ist im Gegensatz zu dem eher unterhaltsamen Gruselgefühl nicht geplant, also kein Bestandteil deines Tagtraumplans. Sie stellt sich von selbst ein.

Wenn du noch ungeübt im Tagträumen bist, besteht immer die Gefahr, daß du mit unvorhergesehenem angstauslösendem Tagtraummaterial überhäuft wirst. Dann solltest du deinen Tagtraum grundsätzlich abbrechen und einen neuen Plan erstellen, in dem das angstauslösende Material zwar vorkommt, aber in seinen Ursprüngen offengelegt wird und in einer von dir akzeptierten, da gewollten Zielsituation endet.

Auch hier sollten wir uns vor psychologischen Deutungen aller Art hüten. Für uns sind alle Deutungen dem ursprünglichen Tagtraumerleben nachgeordnet. Welche Deutungen wir für richtig halten, bestimmen wir anhand unseres persönlichen Wissensvorrats. Fragen wir die Schöpfer gruseliger Szenen im Rahmen von Tagträumen, dann erfahren wir *deren* wirklichen Grund: Gruseltagträume werden geträumt, um Ängste abzubauen (im Rahmen der systematischen Auflösung von Ängsten) und ein bißchen auch aus Freude am Schauder.

Nachts, wenn die Monster kommen

*... Das Summen deines Fahrraddynamos hallt durch die neb-
lig-kalte Novembernacht. Du fährst an schmutziggrauen Häu-
serfassaden vorbei, hinter deren Fenstern noch ab und zu ein
gelbes Licht brennt. Eine nicht enden wollende Parade von
Straßenlaternen begleitet dich. Fahles Neonlicht, manchmal
flackernd, spiegelt sich in den Pfützen auf der Straße.*

*Du bist von der Feier viel zu spät losgefahren! Und bis
nach Hause ist es noch weit. Zu weit für jemanden, der sich
hundemüde fühlt und der sobald wie möglich schlafen gehen
möchte. Du trittst kräftiger in die Pedale.*

*Bald wird der Abstand zwischen den Straßenlaternen größer.
Du näherst dich dem Stadtrand. Auf der linken Seite taucht die
Friedhofsmauer auf. Um diese mußt du herumfahren. Dann
noch bis zur Autobahnbrücke, über die Brücke und auf der
anderen Seite der Autobahn wieder zurück. Abkürzen müßte
man können! Du läßt dein Fahrrad langsam ausrollen und
stützt dich auf das hüfthohe rostig-feuchte Friedhofstor. Abkürzen. Warum eigentlich nicht? Es ist zwar verboten, den Friedhof
außerhalb der Öffnungszeiten zu betreten. Doch wer soll dich
schon daran hindern? Du siehst dich um. Kein Mensch ist zu sehen. Neblige Stille. Hinter der Friedhofsmauer erspähst du in
der milchigen Dunkelheit die Umrisse einiger Bäume.*

*Vorsichtig rüttelst du am nebelnassen rostigen Tor. Es ist
fest verschlossen. Du blickst dich nochmals um. Dann hebst
du lautlos dein Fahrrad über das Tor, stellst es auf der anderen
Seite wieder ab und springst schnell hinterher. Niemand hat
dich gesehen. Erleichtert steigst du wieder auf dein Rad, ziehst
den Reißverschluß deiner Jacke weiter nach oben und fährst
auf dem Schotterweg in den Friedhof hinein ...*

Hältst du den beschriebenen Handlungsablauf für einen Tagtraum für zu banal? Gruselgeschichten sind banal. Aber zu-

gleich sind sie irgendwie schön, insbesondere wenn man weiß, daß sie nicht real sind. Machen wir weiter?

... Das Geräusch deines Dynamos erscheint dir plötzlich verräterisch laut. Und dein Licht am Fahrrad – kann das nicht jeder sehen? Du bleibst stehen. Eigentlich kennst du diesen Weg durch den Friedhof sehr gut. Wozu also ein Licht? Du schaltest deine Lampe ab und fährst weiter. Diesmal in neblig-milchiger Dunkelheit. So ist es gut. Jetzt kann man nur noch das Geräusch deiner Reifen auf dem schmalen Schotterweg hören! Doch war da nicht noch ein anderer Laut, so als ob jemand schwere Steine gegeneinander reiben würde? Dein Herz beginnt schneller zu klopfen. Unwillkürlich trittst du fester in die Pedale. Jetzt nur nicht auf dumme Gedanken kommen!

Wieder dieses Geräusch. Du bist dir sicher, daß es von den Gräberreihen vor dir kommt. Du bleibst stehen und lauschst. Nichts. Das einzige, was du hörst, ist dein Atem. Kalte Nebeltröpfchen benetzen deine Gesichtshaut. »War wohl doch nur der Widerhall meiner Fahrradreifen auf dem Schotter.« Du atmest tief durch und fährst weiter. Doch nach nur wenigen Metern bleibst du wieder stehen – jetzt, weil dir der sonderbare Geruch nach Verwesung, der schon die ganze Zeit in der Luft liegt, erst so richtig bewußt wird. »Bloß raus hier«, denkst du dir. Da! Wieder dieses Geräusch – und jetzt, ohne daß du dich mit dem Fahrrad auf dem Schotterweg bewegt hättest. Irgendwo vor dir in der Dunkelheit wartet das unfaßbare Grauen auf dich ...

Kannst du dir vorstellen, wie der Tagtraum weitergeht? Auch Gefühle des Grauens und des Entsetzens können starke Emotionen freisetzen, die einen ungeübten Tagträumer aus seinem Tagtraum hinauswerfen. Freilich entwickeln sie keine derartige Dynamik wie Gefühle der Erotik und Sexualität.

Aber auch bei Gruseltagträumen gilt:

- zunächst einen Traumplan aufstellen,
- dann den Tagtraumort aufsuchen,
- das Auszeiteingangsritual ausführen und entspannen,
- dann das Leerritual realisieren und mit der Tagtraumepisode beginnen.

... Plötzlich hörst du auch aus der feuchten nebligen Dunkelheit hinter dir dieses langgezogene schleifende Geräusch, so als ob schwere Steinplatten gegeneinander bewegt würden. Am ganzen Leib zitternd läßt du dein Fahrrad auf den Schotterweg fallen und beginnst zu rennen. »Nichts wie raus hier!« Du weißt nicht mehr, ob du dich noch auf dem richtigen Weg befindest. Nebelnasse Büsche stellen sich dir in den Weg, versuchen dich festzuhalten. Dieser furchtbare Geruch! Als du wieder an etwas kaltfeuchtes Buschartiges stößt, bleibst du stehen, atmest tief durch und willst weiterlaufen. Aber irgendwie hält dich dieser Busch fest. Irgend etwas Feuchtes, Kaltes, Lederartiges berührt dein Gesicht. Du hast einen furchtbaren Verdacht. Übelkeit steigt in dir hoch, als du verzweifelt in der Jackentasche nach deinem Feuerzeug suchst. Es erscheint dir wie eine Ewigkeit, bis du ihm endlich mit deinen zitternden klammen Händen eine kleine Flamme entlockst. Du hältst das brennende Feuerzeug vor dein Gesicht – und dir stockt das Blut in den Adern ...

Da du es bist, der den Inhalt deiner Tagträume bestimmt, kannst du auch jeden Gruseltagtraum zu jeder Zeit beenden. Du kannst aber auch aus dem Gruseltagtraum einen Actiontagtraum machen. Beispiel: Grabräuber machen sich auf dem Friedhof zu schaffen. Du betätigst dich als Detektiv und hilfst der Polizei, die Täter zu stellen. Oder du läßt ihn als Liebestagtraum weiterlaufen. Beispiel: Der tote Körper vor dir wird in deinen Armen zu einem äußerst attraktiven lebenden Menschen. Deiner Phantasie sind keine Grenzen gesetzt!

Dein Häuschen im Moor

Schöne Gruselgeschichten lassen sich auch mit dem Motiv Moor aufbauen. Ein Schritt abseits des Weges kann unrettbares Versinken bedeuten. Irrlichter über dem Moor in der Nacht sind im Alltagsverständnis brennende Sumpfgase. Für dich sind sie die Fackeln einer mittelalterlichen Räuberbande oder die Seelen von Toten. Du baust dir oder entdeckst eine kleine Hütte im Moor, in die du immer wieder zurückkehrst, um Tagtraumerlebnisse zu haben.

👁 Begib dich an deinen Tagtraumort. Führ dein Auszeiteingangsritual durch und entspann dich. Führ dein Leereritual durch. Beginn deinen Tagtraum in dem Häuschen im Moor. Erleb die Stille und Ruhe der Natur, riech ihre Düfte. Freu dich auf deine jetzt anstehende Wanderung durch die abendliche und von der Hitze des Tages noch warme Moorlandschaft. Spür, wie Ruhe in dir aufsteigt.

Phobien überwinden

Wer eine Phobie hat, der leidet. Eine Phobie ist eine extreme Furcht vor bestimmten Objekten oder Situationen. Sie tritt zwanghaft auf, ohne das Vorhandensein einer wirklichen Gefahr, und engt das Verhalten ein.

Typische Phobien sind die Angst vor Spinnen und Mäusen, die unbegründete Angst vor Krankheiten oder dunklen Räumen. Wer von einer Phobie gequält wird, versucht normalerweise alle Situationen, die diesen Zustand auslösen könnten, zu meiden. Als Tagträumer könntest du zwei Gründe haben, gerade solche Situationen zu erzeugen, die dir Angst machen: Weil du deine Phobien überwinden willst oder weil du die auf ein Angstgefühl folgende Entspannung genießen willst.

Du willst deine Phobien überwinden:
Zwanghaft auftretende Ängste, beispielsweise die Angst vor dem Zahnarzt, können nicht auf rationalem Weg beseitigt werden. In deinen Tagträumen hast du aber die Möglichkeit, dich gerade in solche Situationen zu begeben, die dir die größte Angst bereiten, und zwar unter der sicheren Kontrolle deines Tagtraumplans (siehe auch »Ängste systematisch auflösen«, S. 131).

Überleg dir also zunächst, wovor du die größte Angst, den größten Ekel, die schlimmste Panik hast. Nehmen wir einmal an, du bekommst bereits bei dem Gedanken an deinen nächsten Zahnarztbesuch Schweißausbrüche.

Überleg dir einen Tagtraumplan mit dem Thema »Mein nächster Besuch beim Zahnarzt«. Begib dich an deinen Tagtraumort, führ dein Auszeiteingangsritual durch und entspann dich. Führ dein Leerritual durch.

... Du sitzt auf dem mit blauem Kunstleder bezogenen Behandlungsstuhl und wartest auf den Arzt. Im Hintergrund hörst du eine Zahnarzthelferin mit zahnmedizinischem Behandlungsbesteck klappern. Der typische Zahnarztgeruch dringt über deine Nase bis in deine Zahnwurzeln und erfüllt dich mit einer unguten Vorahnung. Rechts neben dir auf dem Schwebetisch liegen eine Sonde, ein Zahnarztspiegel und eine Pinzette. Darunter stehen die Ampullen und Fläschchen mit den Injektionslösungen, daneben die steril in durchsichtige Kunststofffolien eingeschweißten Extraktionszangen. Auf einem gelbfarbenen Rollschränkchen mit zahlreichen Schubladen liegen zwei Päckchen Latex-Einmalhandschuhe. Du versuchst dir gerade vorzustellen, welche Folterinstrumente wohl in den Schubladen verborgen sein mögen, da nähern sich Schritte von hinten. Wasser fließt – jemand wäscht sich die Hände! Unwillkürlich rutschst du ein bißchen tiefer in deinen Sitz ...

Wenn du solche oder andere irrationale Ängste hast, dann wiederhol Tagtraumszenen, in denen deine Ängste vorkommen, immer und immer wieder. Konstruier einen positiven Ausgang für deine Phobietagträume. So wäre beispielsweise für den obigen Zahnarztbesuchs-Tagtraum ein positiver Ausgang, wenn der Zahnarzt feststellt, daß deine Zähne in Ordnung sind, wenn der Zahnarzt dich lobt, dich zum Essen einlädt oder sich in dich verliebt.

Du willst die auf ein Angstgefühl folgende Entspannung genießen:
Du machst dir einen Spaß daraus, dich in unangenehme, ja panikerzeugende Situationen zu begeben, weil du genau weißt, daß du diese Situationen meistern wirst und du zum Schluß als Sieger über deine Angst dastehst.

Laß beispielsweise Spinnen über dein Gesicht krabbeln. Leg dich in eine Badewanne voller zappelnder Mäuse und warte, was geschieht. Setz dich in einen großen Ameisenhaufen, und beobachte die kleinen rotschwarzen Tiere, wie sie in Massen auf dir herumkrabbeln. Dir kann absolut nichts passieren, denn du hast es in der Hand, was geschehen soll. Du erleidest keinen persönlichen Schaden. Im Laufe der Zeit werden die mit der ekligen oder angsterregenden Situation verbundenen negativen Emotionen bis zur Bedeutungslosigkeit zurückgehen. Du bist auf dem richtigen Weg, wenn du bei dem Versuch, die Phobien hervorzurufen, immer mehr Langeweile verspürst. Dann wirst du ganz von allein ein anderes Thema wählen, denn mit dem Verschwinden des Angstgefühls hast du nichts mehr, über das du siegen könntest. Was zuvor eine dein Denken erfüllende Phobie war, ist jetzt nichts weiter als bedeutungsloser Schwachsinn – Müll, den du umgehend entsorgen kannst.

Bodenloser Fall

Stell dir vor, du stehst vor einem sehr tiefen Brunnen. Du blickst hinein und kannst weder Wasser noch irgendeinen Grund sehen. Nur bodenlose, tiefe Dunkelheit. Du nimmst einen kleinen Stein in die Hand und wirfst ihn hinab in das Dunkel. Sekunden vergehen, ziehen sich in die Länge, aber es ist kein Aufschlag zu hören. Ungläubig wirfst du einen zweiten Stein hinterher, diesmal aber so, daß er nach einigen Metern Fall gegen die steinerne Brunnenwand schlägt. Und tatsächlich, du hörst, wie der Stein bei seinem torkelnden Fall immer wieder an die Brunnenwand schlägt, er wird abgelenkt, schlägt weiter unten an die gegenüberliegende Wand, fällt weiter und weiter und weiter. Von deinem Standort oben am Brunnenrand hörst du die Aufschläge immer leiser werden, von tausendfachem Echo begleitet. Bald verliert sich auch das Echo. Es ist wieder still. Da stellst du dich auf den Brunnenrand, blickst hinunter in die schwarze Tiefe und springst hinein ...

Die meisten Menschen erfüllt der Gedanke, in dunkle Öffnungen zu springen, deren Tiefe und innere Struktur für sie nicht abschätzbar ist, mit bodenloser Angst. Was du im Alltagsleben niemals tun solltest, kannst du im Rahmen eines Tagtraums ruhig einmal ausprobieren.

Die Voraussetzung für einen kontrollierten »Sprung in den Brunnen« ist die sichere Beherrschung der Methode des Tagträumens. Unangenehme Gefühle dürfen dich nicht so leicht von deinen Zielen abbringen. Andernfalls wirst du aus dem Tagtraum geworfen.

• Du wirst dich nicht mehr ausreichend konzentrieren können, du wirst unruhig, du beginnst deinen Alltagskörper zu bewegen und zu verkrampfen – und aus ist es mit deiner

Entspannung. Du bist schließlich nicht mehr in der Lage, ausgeglichen und gelassen dazuliegen.

• Während du in die Tiefe fällst, wirst du dich fragen, warum du überhaupt in den Brunnen gesprungen bist und was dich wohl erwarten mag. Vermeide ein Allzuviel an Deutung, sonst kommt deine Tagtraumhandlung zum Erliegen.

Der Sprung in den Brunnen ist eine Standardübung des kreativen Tagträumens. Du wirst dich wundern, was am Boden des Brunnens alles an interessanten Erlebnissen auf dich wartet. Laß einfach zu, daß sich die Sache entwickelt.

Begib dich also an deinen Tagtraumort, führ dein Auszeiteingangsritual durch, und entspann dich. Führ dein Leereritual durch, stell dir den Brunnen vor, blick in den schwarzen Abgrund hinab und spring hinein! Überleg nicht, was dich dazu veranlassen könnte, dich in die Tiefe des Brunnens hinabzustürzen. Durch langes Warten, Überlegen und Hineinstarren vergrößerst du deine Ängste vor dem Hineinspringen. Achte während deines Falls in die Tiefe genau darauf, was du erlebst! Laß dich nicht von deiner Furcht in die Irre führen. Bleibst du beispielsweise an einer aus der Brunneninnenseite ragenden verrosteten Eisenstange hängen, dann könnte das möglicherweise nur ein Ausdruck deiner Angst sein, die dich am Weiterfallen hindern will. Befrei dich von der Eisenstange und fall weiter! Du wirst dich wundern, wie wirkungslos sie wird, wenn du dich nicht vor ihr fürchtest. Triffst du auf Wasser, dann sink weiter. Laß dich durch alles hindurchfallen, was immer sich dir auch in den Weg stellen mag. Egal ob Schlamm, Erde, Fels oder Feuer. Beschleunige deinen Fall.

Wenn du mit Angst in den Brunnen gesprungen bist, dann wird deine Angst im Laufe deines Fallens immer kleiner werden. Laß dich daher so lange fallen, bis du gar keine Angst mehr empfindest und ein angenehmes Gefühl des Schwebens übrigbleibt.

Die eben beschriebene Übung wird in Einzelfällen auch benutzt, um ein sogenanntes *Rebirthing* einzuleiten. Du kannst mit ihr versuchen zu deinem Ursprung zurückzukehren. Dann spring in den Brunnen mit dem Zielthema »Mein Ursprung«. Führst du die Übung des Fallens bis zu dem »Ende des Brunnens« konsequent durch, dann erwarten dich in vielen Fällen beglückende Erlebnisse. Eine meiner Tagtraumschülerinnen schrieb mir im Zusammenhang mit der Übung des bodenlosen Fallens folgendes:

Plötzlich erschien vor mir ein blaues Licht, auf das ich mit rasender Geschwindigkeit zuflog. Schon hüllte es mich ein, wechselte seine Farbe zu violett und spuckte mich aus in einen weiten funkelnden Sternenhimmel, in dem ich nun, immer noch mit hoher Geschwindigkeit, dahinflog. Ich drehte mich um und blickte zurück in die Richtung, aus der ich gekommen war. Ich wollte den unteren Ausgang des Brunnens sehen, aus dem ich vor wenigen Augenblicken herausgefallen war. Doch was ich sah, überraschte mich so sehr, daß ich förmlich erschrak: Mein ganzes Blickfeld war auf einmal erfüllt von einer in Violett- und Gelbtönen leuchtenden Wolke, in der es blitzte und wogte. Ich versuchte die Stelle zu erblicken, an der ich aus der Wolke geschleudert worden war, und glaubte einen winzig kleinen schwarzen Punkt im sich durcheinanderbewegenden leuchtenden Wolkenmeer auszumachen ...

Die Heilenden

Wenn du dich fragst, warum du tagträumst, dann wird dir als Begründung die Freude einfallen, das Glück, etwas Schönes erleben zu können. Vielleicht tagträumst du, weil du in dem Land deiner Phantasie nach neuen Strategien für deinen Lebensalltag suchst oder weil du gefahrlos probehandeln möchtest. Ein sehr naheliegender Nutzen deiner Tagträume liegt in der Pflege deiner Gesundheit.

Erinnerst du dich noch an die Übung von Seite 89 als es darum ging, einen einzelnen Gedanken stabil und thematisch rein in deinem Bewußtsein zu halten? »Ich bin vollkommen gesund« ist so ein Gedanke. Das Aufrechterhalten eines Gedankens über längere Zeit, begleitet von einfachen bildhaften Vorstellungen, ist bereits ein oberflächlicher Tagtraum.

Während gesundheitsfördernde Leitsätze (z. B. »Ich fühle mich von Tag zu Tag besser.« »Mir geht es gut.« »Mein Magen ist absolut heil.«) eher den oberflächlichen Tagträumen zuzuordnen sind, gibt es auch heilende Tagträume der tieferen Art.

Das Land, in dem es nur Gesundheit gibt

In deinen Tagträumen darfst du jede dir vorstellbare Körperform annehmen und jede nur denkbare Rolle spielen. Die Naturgesetze und die Regeln des sozialen Miteinanders haben in deinen Tagträumen keine Gültigkeit mehr. Wenn du krank bist, ein Gebrechen hast oder wenn dir dein Aussehen oder dein Gewicht Probleme bereiten, dann hast du in deinen Tagträumen die Möglichkeit, dich bereits *jetzt* als optimal gesund und fit zu erleben. Diese Vorstellung deiner *Gesundheit-wie-sie-sein-Soll* wird zum Ziel deines Gesundungswegs.

Erstell hierzu Tagtraumentwürfe, die sich eng an Abläufen in deinem Alltagsleben orientieren. Handle jedoch in diesen Tagträumen mit *dem* Körper, den du gerne hättest, und *dem* Verhalten, das dir so sehr am Herzen liegt. Wenn du dich beispielsweise zu dick fühlst, dann erleb dich in deinen Tagträumen als schlank. Wenn du dich häßlich oder unscheinbar fühlst, dann erleb dich als leuchtenden Mittelpunkt deines Freundeskreises.

Das Erleben eines gesunden Körpers ist eine wirksame Methode, um sich selbst zu beeinflussen. Sie zeigt dir, wie dein Leben aussehen könnte, wenn es dein aktuelles Gebrechen nicht gäbe. Du erlebst, wie es ist, gesund zu *sein*. Dein heilender Tagtraum gibt dir mit der Freude auch Kraft und Zuversicht. Nimm diese Kraft mit in deine Lebenswelt.

Errichte in deinen Tagträumen eine parallele Welt der Schönheit und Gesundheit, in der deine derzeitigen Gebrechen keine Rolle mehr spielen. Übertrag das Heilsein deines Tagtraumkörpers auf deinen Alltagskörper, indem du dich in deinem Alltagsleben an das Gefühl gesund zu sein erinnerst. Feg mit der Freude aus deinem Tagtraum all deine gesundheitsschädigenden Verhaltensweise hinweg. Bau beispielsweise einen Ekel vor Zigarettenrauch auf und empfinde ein starkes Verlangen, deine Lunge mit heilender Waldluft zu reinigen. Erleb, wie deine Lunge von Tag zu Tag gesunder und sauberer wird.

Tagträum dich gesund!

Erstell einen Tagtraumplan mit dem Thema »Heilung meiner Krankheit« oder »Genesung von meinen Gebrechen«. Du kannst auch »Eine reine Gesichtshaut«, »Eine straffere Haut« oder ganz allgemein »Ein ansprechendes Erscheinungsbild« zum Thema deines Tagtraums machen.

Dann begib dich an deinen Tagtraumort, führ dein Auszeiteingangs-Ritual durch und entspanne dich. Führ dein Leereritual durch. Erleb dich zunächst in einem Tagtraumkörper, der exakt deinem Alltagskörper entspricht.

Nun stell dir vor, wie dein Leiden verschwindet. Wenn du beispielsweise an Akne leidest, dann *erleb*, wie deine Haut rein wird. Wenn du an einer Körperregion Schmerzen hast, dann *erleb*, wie sich diese Schmerzen lösen. Wenn du schlecht gehen kannst, dann *erleb* in deinem Tagtraumkörper, wie dein Gang leicht und sicher wird. Mach deinen Tagtraumkörper völlig gesund!

Bleib nach einem heilenden Tagtraum noch eine Zeitlang an deinem Tagtraumort liegen und fühl, wie auch dein Alltagskörper gesund wird. Übertrag das Erlebte auf deinen All-

tagskörper. Stell dir intensiv vor, wie es sich gerade in deinem
Tagtraumkörper angefühlt hat, gesund zu sein. Halte dieses
Gefühl der keimenden Gesundheit deines Körpers während
deines Alltags aufrecht.

Du kannst heilende Tagträume auch als oberflächliche Tagträume während deiner Routinehandlungen aufbauen und
versuchen, stunden-, tage- oder gar wochenlang den Effekt der
Heilung von deinem Tagtraumkörper auf deinen Alltagskörper zu übertragen.

Manche Erkrankungen erfordern eine dauerhafte Gegen-
strategie. Jede langfristige medikamentöse Therapie und jede
Langzeitpflege sollte von einem Langzeittagtraum der oberflächlichen Art begleitet werden.

Auf die gleiche Weise, wie du deine körperlichen Beschwer-
den angehst, kannst du auch deine psychischen Probleme behandeln. Und hier sind deine Erfolgsaussichten sogar noch
höher. Wenn du Raucher bist, dann durchleb in deinem Tagtraumkörper bewußt den Übergang vom Raucher zum Nicht-
raucher. Wenn du stotterst, dann sprich in deinem Tagtraumkörper frei und ohne Unterbrechungen.

In deinen Tagträumen besitzt du einen direkten Zugang
zu deinem Erleben. Nutz ihn! Ich halte heilende Tagträume für
eine sehr wirksame Methode, um gesund zu werden. Tagtraum-
therapie ist für mich eine Heilkunst aus den Tiefen der Seele.

Die Tröstenden

Wir leben in einer extremen Leistungsgesellschaft. Unsere
Lebenswelt überhäuft uns mit immer zeitraubenderen An-
forderungen und einer Unmenge an Informationen aus den
unterschiedlichsten Erfahrungsbereichen. Allzuviel kommt in
der erbarmungslosen Hektik des Tages zu kurz: ein freund-
liches Lächeln, das regelmäßige Gespräch mit den Eltern, der

Zoobesuch mit den Kindern. Schnell ist die Zeit vorbei, und es tut uns unendlich leid, versäumt zu haben, was nicht mehr nachzuholen ist.

Vieles von dem, was du versäumt hast, kannst du in deiner Alltagswelt nicht wiedergutmachen. Aber du kannst Trost in der Welt deiner Tagträume finden. Also leiste wenigstens eine symbolische Wiedergutmachung. Versuch die alten Wunden zu heilen. Nimm deine kleinen Kinder noch einmal in den Arm. Besuch deine verstorbenen Großeltern, und sag ihnen, daß du an sie denkst und sie lieb hast. Oft spielt die Handlung von Tagträumen zur Wiedergutmachung in früheren Abschnitten des eigenen realen Alltagslebens.

Das Wiedersehen mit Verstorbenen

... Schon seit Stunden gehst du an dieser staubigen Straße voller Steine und Löcher entlang. (Wenn der Fußmarsch im Tagtraum einige Stunden dauert, dann heißt das nicht, daß du einige Stunden tagträumst, sondern daß du in deiner Tagtraumhandlung einige Zeitabschnitte zusammenfaßt und andere überspringst.) Zu Beginn deines Wegs war die Straße noch asphaltiert und wurde von modernen Autos befahren. Doch im Laufe deiner Wanderung verschwanden nach und nach die modernen Autos und machten zuerst älteren Baujahren und dann Pferdekutschen Platz. Auch Fußgängern begegnest du hie und da. Es nimmt jedoch niemand Notiz von dir. Da taucht hinter der Wegbiegung die alte Linde auf, die schon immer vor Großvaters Haus stand. Sie sieht genauso aus, wie du sie von alten Photographien her kennst.

Damals, als dein Großvater plötzlich krank wurde, hat man dich als Kind nicht an sein Krankenlager gelassen. Und als er starb, durftest du nicht einmal an seiner Beerdigung teilnehmen. Die Schule sei wichtiger, sagte man dir. Du hast so viele schöne Stunden mit deinem Großvater verbracht, und du hättest ihm noch so viel erzählen wollen. Mit einem Seufzer setzt du dich auf die Bank am Stamm der alten Linde.

Und aus dem Haus hörst du die lang vermißte Stimme deines Großvaters: »*Der Bub ist jetzt da. Wir essen heute draußen unter dem Baum ...*«

Im Rahmen deines tagträumenden Wiedersehens mit Verstorbenen kannst du nun im Reich deiner Phantasie nachholen, wozu du in deiner Alltagswelt keine Gelegenheit mehr hattest. Erzähl z. B. deinen verstorbenen Großeltern, daß dir dein Beruf Freude macht, daß du dich vor kurzem über beide Ohren verliebt hast und vor allem, daß du sie, deine Großeltern, immer noch schrecklich vermißt.

Rede auch mit anderen Verstorbenen, ganz gleich, ob Mutter, Vater, Schwester, Bruder, das eigene Kind, ein naher Freund ... Erzähl ihnen alles, was sie wissen sollten. Öffne deine Seele. Schütte dein Herz aus. Und fühl dich unendlich erleichtert von dem Ballast zurückgehaltener Worte und Gefühle (siehe auch: *Erfahrungen, die lange und schwer im Magen liegen,* Seite 223).

Was wäre, wenn ...

Es ist ein lauer Sommerabend. Morgen hast du deine Abiturprüfung in Mathematik. Du bist sehr aufgeregt. Draußen findet ein Fest statt. Du gehst hin. Zur Beruhigung trinkst du ein Bier, dann noch eins und noch eins ... Am nächsten Morgen verschläfst du, kommst zu spät zur Prüfung und scheiterst. Durch die nun schlechte Abitursdurchschnittsnote kannst du nicht mehr dein Lieblingsstudium beginnen, kannst nicht mehr ohne weiteres den Beruf wählen, den du gerne gewählt hättest. Dadurch verlaufen die folgenden Jahre deines Lebens in ganz anderen Bahnen, als sie verlaufen wären, wenn du damals nicht an dem Fest teilgenommen hättest.

Doch brachte dir dieser Fehlstart ins Berufsleben nur

Nachteile? Wie viele von den lieben Menschen, die du jetzt kennst, würdest du auch dann kennen, wenn du damals am Abend vor deiner Prüfung nicht übermäßig viel Bier getrunken hättest? Möglicherweise geht es dir jetzt sogar besser, als es dir gegangen wäre, wenn du damals deine Prüfung mit Bravour bestanden hättest. Wer weiß das schon!

Im Rahmen deiner »Was-wäre-wenn-Tagträume« kannst du einen ungefähren Eindruck davon gewinnen, wie dein Leben verlaufen wäre, wenn du in wichtigen Situationen anders entschieden hättest.

Sicher hast auch du in deinem Leben Entscheidungen getroffen, die sich im nachhinein als falsch herausgestellt haben, und mußt nun unangenehme Konsequenzen tragen. Oft verletzt du mit deinen Entscheidungen andere Menschen, Menschen, die du liebst, Menschen, die vielleicht immer gut zu dir waren: dein Ehepartner, deine Eltern, deine Kinder, deine Geschwister, deine Freunde, deine Nachbarn.

Entwirf Tagträume, in denen du erlebst, wie es wäre, wenn du dich damals anders verhalten hättest. Würde es jetzt besser um deine Freundschaften stehen, wenn du dich damals mehr um deine Freunde gekümmert hättest? Wäre dein Beruf jetzt ein interessanterer, wenn du dir damals in der Schule mehr Mühe gegeben hättest? Hättest du jetzt einen anderen Ehepartner, andere Kinder oder gar ein ganz anderes Leben? Spiel solche Möglichkeiten durch. Sie schenken dir nicht nur Trost, sondern versetzen dich in die Lage, deine Vergangenheit bewußt anzunehmen, abzuschließen und daraus für deine Zukunft zu lernen.

Da sich mögliche Versäumnisse oft erst nach langen Zeiträumen abschließend beurteilen lassen, müssen Entwürfe für tröstende Tagträume eine große Spannweite haben. Gestalte deine Wie-wäre-es-wenn-Themen als Abfolge mittellanger Tagträume (Dauer etwa 30 Minuten). Lockere sie auf mit Jetztzeit-Erlebnissen aus deiner aktuellen Alltagswelt, und schmück sie mit Erinnerungen aus deinem damaligen Alltagsleben. Übersieh dabei nicht, daß auch alternative Entwicklungsmöglichkeiten ihre positiven und negativen Seiten haben. Vielleicht probierst du einmal aus, wie deine jetzige Alltagswelt aus der Sicht eines »Was-wäre-wenn-Tagtraums« aussieht. Stell dir vor, daß du dich in einer ganz anderen Alltagsrealität befindest, und versuch herauszufinden, wie sich dein jetziges reales Leben als Tagtraum darstellen ließe.

Die Vorbereitenden

Was machst du, wenn ein entscheidender Lebensabschnitt bevorsteht, wenn du ein folgenschweres Vorstellungsgespräch führen sollst oder an einer außergewöhnlichen Sportveranstaltung teilnehmen willst, bei der viele Menschen zusehen? Du bereitest dich gründlich darauf vor. Du stellst dich körperlich und geistig auf das Ereignis ein und gehst in Gedanken die Entwicklungsmöglichkeiten durch. Doch ein Erlebnis kann mehr als tausend Gedanken sein. Um wieviel fruchtbarer wird deine Vorbereitung sein, wenn du sie als realistisch-klaren Tagtraum erlebst.

Vorbereitenden Tagträumen sind je nach Thema unterschiedliche Tiefen eigen. Zur Einübung von Routinehandlungen, etwa von Bewegungsabläufen im Sport, Prüfungen von Tanzübungen sowie dem Einstudieren von Benimmregeln, sollten sie möglichst tief sein. Überlegungen mit dem Thema »Wie komme ich möglichst gut durch die Prüfung« oder »Wie kann ich meinen 44. Geburtstag angemessen feiern« können sich dagegen im Rahmen eines sehr oberflächlichen Tagtraums abspielen. Bei längeren vorbereitenden Tagträumen solltest du die Grobstruktur der Tagtraumhandlung in Form eines oberflächlichen Tagtraums durchleben und nur bei besonders wichtigen Episoden in die Tiefe eines realistisch-klaren Tagtraums gehen.

Eine Frage der Übung

Handlungen in der Alltagswelt lassen sich zwei großen Gruppen zuordnen:

1. Handlungen, die von der Person eher selten oder gar das erste Mal durchgeführt werden, und
2. Routinehandlungen, die regelmäßig ablaufen und im Tagesablauf ihren festen Platz haben.

Routinehandlungen müssen meist nicht weiter eingeübt werden, außer man will sie ändern. Sie sind mit einer hohen Erfolgswahrscheinlichkeit ausgestattet. Zudem laufen sie schnell und sicher ab. Meist denkst du gar nicht mehr über die mit ihnen verbundenen Einzelhandlungen nach, sondern startest mit dem ersten Handlungsschritt eine ganze Kette von Routinehandlungen (z. B. Beginn der Morgentoilette, Duschen, Zähne putzen).

Anders die Handlungen, die du sehr selten oder gar das erste Mal durchführst. Hier mußt du dir die Handlungsschritte genau überlegen. Die einzelnen Teilhandlungen wollen bewußt und mit Sorgfalt durchgeführt werden und der Erfolg der Handlung ist nicht von der gleichen Selbstverständlichkeit wie bei einer Routine.

> Es gibt zwei Ebenen, um sich an eine neue Handlung zu gewöhnen: die wissensmäßige Ebene und die Ebene der Motorik, der Körperbeherrschung. Während sich der wissensmäßige Anteil in oberflächlichen Tagträumen gut einüben läßt, eignet sich für die Einübung der motorischen Elemente eher der tiefe bis luzide Tagtraum.

Nehmen wir einmal an, du willst die Bewegungsabläufe einer bestimmten Eiskunstlauffigur einstudieren. Geh dann folgendermaßen vor:

Überleg dir in deinem Tagtraumplan, wie du diese Eiskunstlauffigur vorführen willst, d. h., wie ihr Handlungsablauf aussehen soll. Stell aus deiner Erfahrung und aus Fachbüchern *die* Bewegungen zusammen, die du für die richtigen hältst. Begib dich an deinen Tagtraumort, führ dein Auszeiteingangsritual durch. Entspann dich, und führ dein Leereritual durch.

Nun erleb dich auf der Eisfläche in einem Tagtraumkörper, der deinem Alltagskörper gleicht. Führ alle die Bewegungen aus, die zu der Eislauffigur gehören, so wie du sie dir vorgenommen hast. Vollzieh diese Bewegungen immer und immer wieder. Dann führ dein Leereritual durch, kehr in deinen Alltagskörper zurück, führ dein Auszeitenderitual durch, beweg und schüttle dich und steh auf.

Üb als nächstes die gleichen motorischen Bewegungen mit deinem Alltagskörper in der Form eines oberflächlichen Tagtraums. Stell dir vor, du befindest dich auf der Eisfläche eines Eisstadions. Laß von einer CD die für Eiskunstlaufen typische Musik erklingen. Wiederhol auch diese Trockenübung viele Male. Beende die Übung mit deinem Auszeitenderitual.

Du kannst nun die geübte Bewegungsfolge auf der richtigen Eisfläche testen und so herausfinden, welche Schritte du noch verfeinern solltest. Übertrag diese geänderten Bewegungsfolgen in deine Tagtraumübungen und verfestige sie weiter. Auf jede Tagtraumphase folgt eine Übungsphase in der Alltagswelt. Feil so an deinen Bewegungen, bis sie absolut sicher sitzen.

Gute Erfahrungen bei der Änderung eingefahrener Verhaltens- und Bewegungsmuster habe ich mit positiven Leitsätzen in meinen Tagträumen gemacht. So fasse ich mein neues oder geändertes Muster in einen einprägsamen Satz (z. B. »Ich sehe meinem Gesprächspartner in die Augen.« oder »Ich gehe aufrecht«). Während meines Alltags versuche ich diesen Satz permanent im Hintergrund meines Denkens zu halten. Ich reichere damit mein Essen an, trinke ihn, atme ihn mit der Atemluft ein.

Alle deine Talente für deine Lebenswelt nutzen

Mach deine Tagträume zu einem Sprungbrett in deine Alltagswelt. Entwirf vor wichtigen Entscheidungen unterschiedliche Tagtraumszenarien, in denen du die verschiedenen, deiner Meinung nach möglichen Zukunftsentwicklungen durchspielst. Faß den dazugehörigen Tagtraumplan nicht zu eng. Laß den Tagtraumabläufen genügend Freiraum, so daß sich auch Entwicklungen zeigen können, an die du in deiner Planung nicht gedacht hast. Eben solche nicht vorhergesehenen Entwicklungen sind dann der eigentliche Schatz, den du mit in dein Alltagsleben nimmst.

Nutz die Ressourcen deiner Phantasie. Jeder Mensch hat weit mehr Fähigkeiten und Talente, als ihm bewußt ist und als in seinem aktuellen Alltagsleben zum Vorschein kommt. Tagträume sind ein wichtiges Instrument, um alle deine Talente aufzuspüren.

Wenn du zwar dein Ziel kennst, dir aber nicht klar ist, wie der Weg dahin aussieht, dann kannst du die Methode des »Als-Ob« anwenden. Betrachte deine Ziele, und überleg dir (in einem oberflächlichen Tagtraum), welche Voraussetzungen zur Zielerreichung (im Tagtraum!) geführt haben. Wäg ab, welches Verhalten hilfreich für den Erfolg in deiner Alltagswelt sein könnte, und teste dieses Verhalten zunächst in deiner Tagtraumwelt. Fahnde in deinen Tagtraumgeschichten nach Bestandteilen deines Verhaltens, die für den Lebenserfolg und deine Gesundheit eher hinderlich sind, und lösch sie in deinem Alltagsverhalten. Auf diese Weise kannst du auch erlernte Einschränkungen aufspüren und überwinden. Beende Verhalten, das deinen Lebenszielen abträglich ist. Ersetz es in deinen Tagträumen durch Handlungsweisen, die deinen Lebenszielen nutzen. Übertrag das neue Verhalten auf dein Alltagsleben.

10

Der Übergang zu luziden Träumen

Vom tiefen Tagtraum zum luziden Traum

In der Traumforschung werden unter »luzidem Träumen« oder »Klarträumen« Träume verstanden, in denen sich der träumende Mensch bewußt ist, daß er träumt. Jemand, der luzid träumt, kann im Zustand der Luzidität absichtlich und willentlich ins Traumgeschehen eingreifen. Er kann frei handeln und ist vielfach nicht nur in der Lage, über sein eigenes Verhalten selbstverantwortlich zu entscheiden, sondern kann auch über andere Traumdetails, z. B. das Verhalten der im luziden Traum erscheinenden Wesen, bestimmen. Zugleich sind die Sinnesempfindungen äußerst intensiv. Farben nehmen eine beinah durchdringende Klarheit an. Töne und Geräusche erscheinen laut und deutlich, ohne unangenehm oder aufdringlich zu wirken. Gefühle werden unmittelbar erfahren, ohne den im Alltag üblichen Schleier aus Wenn und Aber, aus Einwänden, Bedenken und Argumenten. Daher werden luzide Träume oft als sehr lustvoll erlebt.

Während beim Übergang vom Schlaftraum in den luziden Traum die Bewußtwerdung, die Erlangung der Kontrolle sowie Entscheidungsfreiheit über das Traumgeschehen im Vordergrund stehen, stellt sich der Übergang vom tiefen Tagtraum zum luziden Traum als ein anderer dar. (Ich spreche hier vom *tiefen* Tagtraum, weil aus dem oberflächlichen Tagtraum, z. B.

während der Morgenroutine, eine Luzidwerdung gar nicht möglich ist.) Tagträume, auch tiefe Tagträume, sind von sich aus immer bewußt. Der Tagträumer kann in allen seinen Phantasiesituationen frei entscheiden und handelnd in das Traumgeschenen eingreifen. Der Tagträumer weiß, daß er es ist, der die Handlung seines Tagtraumgeschehens bestimmt. Beim Übergang von tiefen Tagträumen in die Luzidität steht daher nicht die Bewußtwerdung über die eigene Entscheidungs- und Handlungsfreiheit im Vordergrund, sondern das In-Erscheinung-Treten der märchenhaften Intensität von Sinnesempfindungen.

Die beste Position deines Alltagskörpers während des luziden Traums ist die Rückenlage. Such einen Ort, an dem du dich ungestört und ungezwungen ausstrecken kannst. Wenn du keinen passenden findest, dann zieh dich in dein Bett zurück. Versetz dich zunächst in einen tiefen Tagtraum – so wie du es gelernt hast: Auszeiteingang, Entspannung, Leere. Die Themen deiner ersten luziden Tagträume sollten einfach sein. Es genügt beispielsweise, wenn du einen erholsamen Tagtraum auf einer Südseeinsel einleitest, dessen einzige Handlung darin besteht, im weichen, weißen Korallensand zu sitzen und die Bewegungen der Wellen auf dem Meer und der Palmen im Wind zu beobachten. Laß den sich entwickelnden Tagtraum tief werden. Aus dem tiefen Tagtraum heraus erreichst du Luzidität durch die bewußte und konsequente Steigerung der Klarheit und Intensivität einer deiner Sinne.

Grundsätzlich spielt es keine Rolle, welchen Sinn du für die Einleitung von Luzidität nutzt, also ob du auf der Ebene des Hörens, des Tastens, des Riechens, Schmeckens oder Fühlens aktiv wirst. Bei weitem am besten funktioniert die Einleitung der Luzidität jedoch auf der Ebene des Gesichtssinns.

Die Einleitung von Luzidität

Zwar sind tiefe Tagträume an sich bereits voller deutlicher Sinneserlebnisse, doch luzide Träume übersteigen tiefe Tagträume in ihrer Sinnesintensität bei weitem. Wie vollziehst du diesen Übergang vom tiefen Tagtraum zum luziden Traum?

Wenn du dich in einem tiefen Tagtraum befindest, stellst du dir zwei verschiedene Objekte vor – beispielsweise zwei Münzen, zwei Trinkgläser, zwei Tennisbälle oder zwei Streichholzschachteln. Die Objekte sollten einfach strukturiert sein. Nun blick mit deinen Tagtraumaugen zuerst das eine Objekt an, dann das andere, dann wieder das eine und wieder das andere. Blick im Rhythmus von etwa einer halben Sekunde zwischen den beiden Objekten hin und her. Nach einiger Zeit nimmt die Brillanz und Klarheit der beiden Gegenstände enorm zu. Halt diese Brillanz und Klarheit in deinem Bewußtsein. Schaff einen Hintergrund (einen Strand, ein Zimmer, eine Bank im Park), und übertrag darauf diese Klarheit und Brillanz. Sobald du den Hintergrund luzid erlebst, sind auch alle in diesem Blickfeld vorhandenen Dinge luzid erlebbar. Betrachte den Hintergrund, und stell fest, daß alle in ihm vorhandenen Personen und Objekte bereits luzid sind.

Der Aufbau luzider Tagtraumwelten ist nicht leicht. Mir gelang zu Beginn meiner luziden Übungen zwar das luzide Erleben einfacher Objekte, etwa eines Apfels, einer kleinen weißen Blüte, einer Streichholzschachtel oder einer Münze. Ich war jedoch nicht in der Lage, die einmal erreichte Luzidität auf die Umgebung des Objekts zu übertragen. Sobald ich mir beispielsweise den zum luziden Apfel gehörigen Apfelbaum vorstellen wollte, verschwand die Luzidität aus dem Apfel.

Mir gelang jedoch die Übertragung der Luzidität von den vorgestellten Gegenständen auf deren Hintergrund, wenn ich ihn so einfach wie möglich gestaltet habe. Beispiele für einfache Hintergründe sind: ein klarblauer Himmel, die silberne Oberfläche des Meeres im Mondlicht, eine grüne Bergwiese. Die Vorstellung eines rosaroten Apfels vor zartblauem Himmel ist für den Übergang von tiefen Tagträumen zu luziden Träumen besser geeignet als die Vorstellung desselben rosaroten Apfels inmitten eines Apfelbaums mit seiner Vielzahl von anderen Äpfeln, Blättern, Zweigen und Ästen.

Doch Vorsicht! Die Luzidität kommt oft sehr überraschend – und zwar meist gerade dann, wenn du nicht damit rechnest. Der Anfänger erschrickt – und aus ist der luzide Traum! Dieses Erschrecken, und, ab dem zweiten Versuch, auch die Angst vor dem Erschrecken sind neben der mangelnden Entspannung und nicht ausreichenden Konzentration die wichtigsten Ursachen für ein Scheitern luzider Tagtraumversuche.

Luzide Träume erfordern ein hohes Maß an feinfühliger Kontrolle. Einerseits darfst du nicht aufwachen, andererseits darfst du dich auch nicht in einem Schlaftraum verlieren. Die Gefahr des Aufwachens besteht immer dann, wenn dich ein Detail deines luziden Traums emotional zu sehr einnimmt: wenn du erschrickst, wenn du dich sehr freust, wenn du Angst hast.

Die Gefahr des Einschlafens ist gegeben, wenn du den luziden Traum treiben läßt. Bei mangelnder bewußter Kontrolle bildet sich vor dem Hintergrund des luziden Geschehens eine ungeplante Tagtraumgeschichte. Spontane Tagtraumgeschichten sind nicht an einem Tagtraumhandlungsplan orientiert. Daher gleiten sie schnell in den normalen Traumschlaf ab.

* * *

Luzides Träumen gleicht immer einem Balanceakt zwischen zuviel und zuwenig an bewußter Kontrolle. Der Weg in das luzide Träumen ist sehr beschwerlich, erfordert große Willensstärke und viel Übung. Wer es jedoch im luziden Träumen zur

Meisterschaft bringt, dem stehen die außergewöhnlichsten Erlebnisse offen. Im Vergleich dazu erscheinen selbst die tiefen und gefühlsintensiven Tagträume geradezu grau.

Die Blumenfarbenübung – ein Schnellstart ins luzide Träumen

Du kannst auch direkt aus deinem Zustand der Leere in einen luziden Traum gelangen. Dann gehst du folgendermaßen vor:

Begib dich an deinen Tagtraumort, leg dich hin. Führ dein Auszeiteingangsritual durch und entspann dich. Führ dein Leereritual durch. Sobald du den Zustand der absoluten Leere erreicht hast, zähl im Geist fünf Farben auf – beispielsweise Rot, Blau, Grün, Gelb, Weiß. Diese Reihenfolge behalte im Hintergrund deines Bewußtseins. Ihre ständige Präsenz soll vermeiden helfen, daß du nach einer bereits abgehandelten Farbe nicht mehr weitermachst, weil du im Zustand beginnender Luzidität abgelenkt bist und dir dadurch einfach keine weitere Farbe mehr einfällt. In diesem Fall würdest du einschlafen.

Stell dir zunächst die erste Farbe in Form einer Blume vor. Konzentrier dich auf die Blüte, und erhöh die Intensität, Klarheit und Leuchtkraft der Farbe, indem du mit deinem inneren Blick schnell über die Oberfläche der Blüte fährst. Konzentrier dich beispielsweise auf eine rote Rose mit ihren zarten Blütenblättern, bis sie vollkommen plastisch vor deinem inneren Auge erscheint. Bei der Blumenfarbenübung kannst du die Klarheit und Brillanz deiner vorgestellten Blume enorm steigern, wenn du absichtlich Ungenauigkeiten und Unbestimmtheiten einstreust. Also laß Wassertropfen auf die Blütenblätter niederregnen, und ergötz dich an deren Funkeln und Strahlen. Laß einen kleinen, schwarzen Käfer torkelnd in Richtung Blütenzentrum laufen, und erleb, wie er sich am Pollen labt. Sobald du die rote Rose vollkommen klar und plastisch vor deinem inneren Auge siehst, geh zur nächsten Farbe über. Stell sie dir wieder in Form einer Blume vor. Beispielsweise kannst du ein einzelnes Veilchen oder einen ganzen Veilchenstrauß vor deinen geistigen Augen erstehen lassen.

Stell dir alle aufgezählten Farben vor. Achte auf Blütenformen und Farbnuancen. Wenn du Probleme hast, dir eine Farbe oder eine Blume vorzustellen, dann spiel ein bißchen mit Farben und Formen. Es gibt nicht nur *ein* Blau, *ein* Gelb und *ein* Grün. Das Violettblau eines Fliederbuschs unterscheidet sich nicht nur in bezug auf die Farbzusammensetzung, sondern auch in den vielen Einzelheiten im Aufbau der Blüten von dem Stahlblau einer Glockenblume und von dem Himmelblau eines Enzians.

Wenn du die Übung intensiv genug durchführst, dann erreichst du meist bereits vor dem Durchlaufen aller fünf Farben Luzidität. Nun heißt es, einerseits nicht einzuschlafen und andererseits die Luzidität nicht wieder zu verlieren!

Leite als nächstes deine Tagtraumwelt ein. Beginn mit der Umwelt, indem du beispielsweise die Häuserzeile an der Straße, auf der sich deine Tagtraumhandlung abspielen soll, entwirfst. Oder entwirf einen Wald vor hohen Bergen, einen Strand mit Palmen, ein Alpenhotel vor einer Skipiste. Dann starte die Handlung, und laß Personen auftreten.

Bereits die erste Blüte solltest du mit deinen geistigen Augen so deutlich sehen können, als ob es eine reale Blume deines Lebensalltags wäre. Gelingt dir das nicht, dann ist es unwahrscheinlich, daß du in der gleichen Sitzung Luzidität erreichst. Wenn es dir nicht möglich ist, bis zur fünften Farbe luzid zu werden, dann beende die Übung, und versuch es am nächsten Tag von neuem. Luzidität läßt sich nicht erzwingen.

Der planmäßige Rückzug aus luziden Träumen

Daß ein luzider Träumer Drogen streng meiden sollte und Alkohol allenfalls in kleinen Mengen genießen darf, versteht sich von selbst. Das Erlebnis der Luzidität ist derart klar und überwältigend, daß mit keiner Droge eine Steigerung möglich wäre. Auch als völlig gesunder Tagträumer kannst du während deines luziden Träumens in schwierige, ja sogar problematische Situationen kommen. Dein luzides Erleben unterscheidet sich oft nur in Nuancen von echtem Alltagserleben. Wenn zugleich dein Bewußtsein von den begleitenden starken Gefühlen abgelenkt ist, kannst du nicht genau abschätzen, ob sich dein gerade ablaufendes Erleben in deinem Alltag oder auf luzider Traumebene abspielt.

Zwar ist es aus dem Zustand der Luzidität nur noch ein kleiner Schritt in die absolute Glückseligkeit. Jedoch können sich gerade in luziden Zuständen regelrechte *Erlebensfallen* aufbauen, denen du zunächst hilflos ausgeliefert bist.

- Gerätst du während deiner Traumhandlung in Schwierigkeiten, beispielsweise weil ein Bär dich angreift oder dein Wagen einen Steilhang hinabzustürzen droht, dann hast du möglicherweise eine derartig große Angst, daß du vergißt, bewußt in die Handlung einzugreifen, das heißt, du mußt dann meist die betreffende Traumpartie zu Ende spielen. Lies dir hierzu noch einmal das Kapitel »Keine Angst vor der Angst!« durch (S. 131).
- Noch ein anderes Problem tut sich auf. Trotz deiner willentlichen Unfähigkeit, aus einem laufenden luziden Traum heraus deinen Alltagskörper zu beeinflussen, überträgt sich ein Teil deines Tagtraumkörpererlebens auf deinen Alltagskörper.

• Abgesehen von diesen eher harmlosen körperlichen Be-
gleiterscheinungen luziden Träumens sollten jedoch auch
unangenehmere und schwerere Komplikationen nicht ver-
schwiegen werden: Bei Männern kann es im Zusammenhang mit erotischen luziden Träumen zu einem Samenerguß
kommen. Zudem setzt meist die Atmung deines Alltagskörpers aus, wenn du im luziden Zustand die Luft anhältst
(beispielsweise weil dir in deiner Tagtraumhandlung jemand die Kehle zudrückt oder du dich unter Wasser befindest). Relativ selten beobachten wir abrupte Bewegungen
von Gliedmaßen des Alltagskörpers, die im Zusammenhang mit der Tagtraumhandlung stehen und eine Verlet-
zungsgefahr darstellen.

Meist lassen sich solche Probleme bereits im Vorfeld der Einleitung luzider Träume vermeiden, was voraussetzt, daß du
nicht zu hastig mit der Luzidität beginnst (d. h., Auszeiten und
Leere müssen regulär durchlaufen werden) und du bereits Erfahrungen mit tiefen und gefühlsreichen Tagträumen hast.

Negative Auswirkungen der luziden Tagtraumhandlung
auf deinen Alltagskörper lassen sich vermeiden, wenn
du lernst, deine bewußten Bewegungen des Tagtraumkörpers vollkommen von den Bewegungen des Alltagskörpers zu entkoppeln. Das beginnt bereits bei den ganz
normalen Tagträumen: Wenn du deinen Tagtraumarm
bewegst, darf sich dein Alltagsarm nicht rühren. Wenn
du in deinem Tagtraumkörper die Luft anhältst, darf
dein Alltagskörper nicht aufhören zu atmen.

Eine vollständige Trennung zwischen Tagtraum- und Alltagskörper erfordert jedoch sehr viel Übung.

- Selbst bei erfahrenen Tagträumern tritt noch ein interessantes Phänomen auf, das ich an anderer Stelle als »Traumwarmlaufen« bezeichnet habe: Wenn du in deinem Tagtraumkörper rennst oder anstrengende Bewegungen ausführst, dann wird dir in deinem regungslos daliegenden Alltagskörper warm. Erklären kann man sich dieses Phänomen mit einer erhöhten Muskelspannung im Alltagskörper, wenn die entsprechenden Partien des Tagtraumkörpers aktiv sind. Das Traumwarmlaufen ist ein deutlicher Hinweis auf den meßbaren Einfluß von Tagträumen auf den Alltagskörper. Das heißt, eine Trennung zwischen Tagtraum- und Alltagskörper ist in diesem Fall noch nicht ausreichend vollzogen.

- Doch was tust du, wenn du dich doch einmal in einem luziden Traumgeschehen befindest und die Traumhandlung aus dem Ruder zu laufen droht? Der gängige Ratschlag, um aus luziden Träumen aufzuwachen, lautet, sich seinen Alltagskörper vorzustellen oder ganz einfach seinen Alltagskörper zu bewegen. Das ist jedoch meist unmöglich, weil eine eindeutige willentliche Verbindung zwischen dem Ich des luziden Träumers und seinem im Bett liegenden Alltagskörper nicht gegeben ist. Mit anderen Worten: Du meinst deinen Alltagskörper zu bewegen, aber du bewegst in Wirklichkeit deinen Tagtraumkörper. Wegen des hohen Realitätsgrades deiner Empfindungen bemerkst du das aber zunächst nicht. Der Versuch, deinen Alltagskörper zu bewegen, ist daher kein sicheres Mittel, um luzide Träume zu stoppen.

- Welche realistischen Möglichkeiten gibt es, um einen luziden Traum eindeutig, schnell und sicher zu beenden? Eine sehr wirkungsvolle Methode, luzide Träume zu beenden, ist es, ihnen ihre Luzidität zu entziehen. Wenn dich beispielsweise in deinem luziden Traum eine Person bedroht, dann teste zunächst, ob du mit deiner Vorstellung deine Sinnesempfindungen verändern kannst. Versuch den Gegenständen deiner Umgebung allein mit deiner Gedankenkraft die

Farbe zu nehmen und die Formen verwaschener zu machen. Stell dir ganz einfach vor, die Person vor dir würde unter einer Art Bildstörung leiden. Beginnt sie sich aufzulösen, dann verschwinden mit ihr auch alle Teile ihrer Umgebung und schließlich der gesamte luzide Traum. Gewöhnlich geht das ganz schnell. Du brauchst weniger Zeit dafür als für das Lesen dieser Zeilen. Luzide Gefahrensituationen lassen sich auf diese Weise rasch bereinigen.

• Noch eine weitere *Notbremse* für luzide Träume will ich dir nicht verschweigen. Luzide Träume sind sehr sensible Gebilde. Oft kann sie bereits der geringste Zweifel an ihrem Realitätsgrad zerstören. Nutz diese Tatsache für dich, wenn du es eilig hast, einen unangenehmen luziden Traum zu verlassen. Denke dir beispielsweise »... eigentlich bin ich ja gar nicht zu derart klaren Träumen fähig«, oder »Bestimmt wird sich mein Traum gleich auflösen ... «. Benutz diese Art von *Traumbremse* aber bitte nur in äußersten Notfällen, denn sie wirkt ähnlich wie eine Autosuggestion mit dem Inhalt: »Eigentlich kann ich gar nicht luzid träumen.« Du würdest deiner luziden Traumfähigkeit schaden.

11

Beispiele wichtiger Anwendungsformen von Tagträumen im Lebensalltag

Tagträume machen dein Leben interessanter und schenken dir Freude und Kraft, darüber hinaus sind sie die Pforte zu einer Reihe phantasievoller Ideen. Ihre tragende Säule ist die Imagination, die Vorstellungskraft. Mit Tagträumen kannst du vergangene Erlebnisse verarbeiten, aktuelles Erleben in Einklang mit deiner persönlichen Werte- und Zielstruktur bringen und zukünftiges Erleben unverbindlich testen.

Erfahrungen, die lange und schwer im Magen liegen

Jeder Mensch erlebt Situationen, die seinen Vorstellungen von einer heilen Welt und einem heilen persönlichen Schicksal widersprechen und die für ihn unfaßbar und unerklärlich sind. Sicher kannst auch du eine Reihe von Erfahrungen nicht mit den fundamentalen Inhalten deines Weltbilds in Einklang bringen. Wenn beispielsweise ein geliebter Mensch plötzlich stirbt, wie willst du diesen Verlust in Einklang mit deinen persönlichen Werten und Zielen bringen? Erklären kannst du ihn, aber verstehen kannst du ihn nicht! Erfahrungen, die schwer im Magen liegen, sind Situationen, die zwar dein Leben stark beeinflussen, die aber deinem Handeln und Wirken entzogen sind.

Zwar wirst du mit deinen Tagträumen solche Probleme nicht lösen, du wirst sie wahrscheinlich nicht einmal besser verstehen. Aber du kannst dich an sie gewöhnen, wenn du sie im Rahmen einer Tagtraumgeschichte immer wieder durchlebst. Das Vorgehen ähnelt der Methode der systematischen Auflösung von Ängsten, S. 135, im Kapitel »Wenn Probleme in deinem Tagtraum auftauchen«.

Entwirf einen Traumhandlungsplan, der *solche* Erfahrungen und Probleme zum Thema hat, die dir bereits seit langem im Magen liegen. Erstell dir dafür eine neue Wunschliste: Schreib alle die negativen Erfahrungen auf, die dir besonders weh tun. Form dann diese negativen Punkte in positive um, so wie du es in den Vorüberlegungen zur Rolle von Tagträumen gelernt hast.

Nun konstruier Tagtraumgeschichten, die sich im Dreieck zwischen deiner jetzigen Realität, einer früheren Realität, als noch alles gut war, und der Wunschrealität aus deiner Positivliste entfalten. Spiel alle möglichen Entwicklungswahrscheinlichkeiten in Form von Tagträumen durch.

Wenn du bei dieser Art Problembewältigung ein Gefühl der Erleichterung hast, dann fahr so lange fort, bis die Spannung aus dem Thema gewichen ist. Wenn dir aber bereits die Beschäftigung mit dem fraglichen Thema weh tut, dann ist dein Ansatz falsch. Mit anderen Worten: dann ist diese Art von Verarbeitung nicht die richtige für dich.

Dann hast du nur zwei Möglichkeiten, mit deinem Schmerz umzugehen: Die eine besteht darin, noch einmal in deiner Alltagswelt an der Lösung des Problems zu arbeiten (beispielsweise noch einmal zur Prüfung anzutreten, noch einmal zu versuchen den netten Typen kennenzulernen). Die zweite Möglichkeit beschränkt sich darauf, diese schmerzhafte und dir unverständliche Passage deines Lebens anzunehmen und in deiner persönlichen Vergangenheit »einzufrieren« (zum Beispiel: Zwar werde ich es nie verstehen, warum Peter starb. Aber es ist geschehen, ich akzeptiere es, denn das Leben muß weitergehen).

Siehe auch in dem Kapitel der Tagtraumbeispiele »Die Heilenden«, S. 201, und »Die Tröstenden«, S. 204.

Verarbeite in deinen Auszeiten
Situationen deiner Alltagswelt noch einmal

Die Schnellebigkeit unserer Alltagsgegenwart ist sprichwörtlich. Entwicklungen überstürzen sich. Oft hast du das Gefühl, noch an deinen alten Erlebnissen zu »kauen«, da stürmen schon neue auf dich ein. Für deine seelische Gesundheit ist es jedoch von großer Wichtigkeit, daß du möglichst viele deiner Erfahrungen verarbeitet hast, bevor du zur Tagesordnung und zu den nächsten Erfahrungen übergehst. Auch hierbei können dir Tagtraumerlebnisse helfen.

Erlebnisse, die dir unverständlich erscheinen, dir weh tun, aber auch solche, die dich über alle Maßen beglücken oder für dich aus anderen Gründen von besonderer Wichtigkeit sind, kannst du auf dem Weg über Tagtraumexkursionen noch einmal durchleben und verarbeiten. Die Struktur der Tagtraumhandlung folgt dann ganz einfach der erinnerten Struktur des fraglichen Erlebens.

Besonders auf dem Weg über luzides Träumen lassen sich viele Einzelheiten des ursprünglichen Erlebnisses wiedererwecken, besser verstehen und oft sogar zur Grundlage neuer positiver Entwicklungen in deinem Alltagsleben machen.

Begib dich an deinen Tagtraumort. Überleg dir, welchen Abschnitt deiner Vergangenheit du noch einmal tagträumend erleben möchtest. Faß ihn unter einer Überschrift zusammen. Führ dein Auszeiteingangsritual durch. Stell die absolute Leere her und durchleb die fragliche Situation von neuem:

… Das Gras um dich herum ist so hoch, daß du mit deinen fünf Jahren nur auf Zehenspitzen darüberblicken kannst. Vor

dir läuft dein derzeitiger Lieblingsspielkamerad: Eika, euer neuer Familienhund. Mit seinem hellgelben Körper, der fast länger ist, als du groß bist, hat er eine kleine Schneise durch das wogende Gras gezogen. Wieder stellst du dich auf deine Zehenspitzen. Da, einige Meter vor dir sitzt er, schwanzwedelnd. Du kannst es an den rhythmischen Bewegungen der schlanken Grashalme erkennen. Aber auch an anderen Stellen ist die Wiese in Bewegung. Der Wind malt Wellen und Strudel in sie hinein und trägt das Zirpen von Grillen zu dir herüber ...

Bedenke: Der Zweck von realistisch-klaren Tagträumen ist immer das Erleben und nicht das Nachdenken. Sobald du zu grübeln beginnst, verliert dein Tagtraum an Klarheit, wird schwächer, und möglicherweise fällst du aus ihm heraus oder schläfst ein! Das Nachdenken und geistige Ordnen deines Tagtraumerlebens sollte daher erst *nach* abgeschlossener Tagtraumübung stattfinden. Erst im Rahmen einer Bewertung deines gerade erlebten Tagtraums solltest du Vergleiche anstellen und Schlüsse ziehen. Siehe auch im Kapitel mit den Tagtraumbeispielen unter: »Das Wiedersehen mit Verstorbenen«, S. 205.

Überprüf deine Zukunftsmodelle durch Tagtraumprobehandeln

Systematisches Probehandeln ist überall dort geboten, wo neue Verhaltensweisen erprobt werden sollen. Wenn du die Genauigkeit deiner Zukunftsmodelle anhand deines gesamten persönlichen Wissensvorrats überprüfen willst, dann solltest du sie in Form eines Tagtraums testen.

Gestalte aus den Rohdaten deines Zukunftsmodells eine erlebbare Geschichte. Laß in deinen Tagtraumplan sowohl deine Wünsche an die Zukunft als auch die Einschätzung deiner realen Zukunftsmöglichkeiten einfließen. Bau ein richtiges Netz an Zukunftseintrittswahrscheinlichkeiten auf.

Das tagträumende Durchleben angenommener Situationen der Zukunft soll Schwachstellen in deiner Lebensplanung offenlegen. Sobald du nämlich einmal tagträumend eine der vielen Möglichkeiten deiner grundsätzlich offenen Zukunft durchlebt hast, stehst du in bezug auf dein Wissen um mögliche Entwicklungen nicht mehr im »luftleeren Raum«, d.h., du bist durch den Tagtraum erfahrener geworden. Und eben diese Erfahrung kannst du in den Plan deines nächsten Zukunftstagtraums einbringen. Im Lauf einer Reihe von Tagträumen gewinnst du so an Planungssicherheit für dein Alltagsleben.

Doch wie gelingt es dir, aus der großen Anzahl von Themen deines Erlebens die fraglichen auszuwählen? Um deine Tagträume auf konstruktive Weise in dein Leben zu integrieren, sollte dir klar sein, bei welchen Fragen oder Problemen du sie einsetzen willst. Das heißt, du solltest deine Problemfelder kennen.

Um Ordnung in dein Erleben zu bekommen, faßt du die offensichtlichsten Problemstränge deines Lebens in Gruppen zusammen. Beispiele für solche Problemstränge sind: meine Gesundheit, mein Beruf, meine Familie, meine Finanzen. Du benötigst keine strenge Systematik für diese Aufstellung. Allerdings solltest du Problemstränge nur für wirklich wichtige Lebensbereiche aufstellen. Und es sollten nicht mehr als fünf Bereiche sein!

Nun entwirf Tagtraumgeschichten, die sich zwischen deinem aktuellen Hier-und-Jetzt und deiner geplanten Zukunft abspielen. Durchleb sie in einer Vielzahl möglicher Alternativen.

Jeder Tagtraum vermehrt deine Kenntnisse um die Sinnhaftigkeit deiner Strategie. Mit jeder neuen Zukunftsalternative, die du beträumst, kannst du an deinen Zukunftsplänen feilen, und jedesmal werden sie wirklichkeitstauglicher. Im Laufe einer Vielzahl von solchen Tagträumen kommst du so einer optimalen Problemlösung sehr nahe.

Zwar kannst auch du mit deinen Tagträumen nicht in die Zukunft sehen oder Wissen ersetzen, das du nicht hast. Aber du wirst aufgrund der Vielzahl an Versuchen wenigstens *dein* Wissen bestmöglich einsetzen. Mit bloßem Nachdenken wäre das unmöglich.

12

Tagträume – der Weg in dein persönliches Paradies

Tagträume sind ein sicherer Weg in dein persönliches Paradies. Ein Paradies, das du weder auf einer Landkarte findest noch bei einem Reiseveranstalter buchen kannst. Dein persönliches Paradies ist vielmehr eine Ausdrucksform deines eigenen Erlebens. Und dazu gehören du und deine Umwelt: Dein Paradies ist die Folge eines optimalen Zusammenspiels zwischen dir und deinem Lebenskreis. Doch dieses optimale Zusammenspiel kommt nicht von allein. Du mußt dich dafür anstrengen, etwas dafür tun! Deine Tagträume weisen dir den Weg dorthin.

Tagträume öffnen weit das Tor in das Land deiner Phantasie. Was du entdeckst, sind die Reichtümer deiner eigenen Kreativität. Du erfährst sie in Form erstrebenswerter Ziele, als Ideen zur Bereicherung deines Alltags und als Kraft und Motivation für ein erfülltes Leben. Du lernst deine Gesundheit zu verbessern, Fröhlichkeit in deine Partnerschaft zu bringen und mit Freude an deiner Karriere zu bauen.

Mach deine Tagträume zu dem Garten deiner Wünsche. Schöpf aus dem reichhaltigen Schatz an Strategien und Lösungen für deinen Alltag.

Entdecke Anworten auf Fragen, die zu stellen du schon seit langem aufgegeben hast. Finde Heilung für Gebrechen, mit denen du dich schon seit langem abgefunden hast. Erobere dir den Teil deines Lebens zurück, den du bereits für immer verloren glaubtest.

Werde zu einem kompetenten, lebensbejahenden und erfolgreichen Individuum. Der Zugang zu dem Schatz deiner Tagträume gibt dir die Qualifikation dafür.

Literaturverzeichnis

Bardon, F.: *Der Weg zum wahren Adepten*. Freiburg, Bauer, 1956.

Brandler-Pracht, K.: *Lehrbuch der okkulten Kräfte*. Leipzig, Altmann, 1920.

Dorsch, F.; Häcker, H.; Stapf, K.-H.: *Psychologisches Wörterbuch*. Bern, Stuttgart, Toronto, Hube, 1987.

Erickson, M.; Rossi, E.; Rossi, S.: *Hypnose*. München, Pfeiffer, 1987.

Frey D.; Stahlberg, D.; Gollwitzer, P. M.: »Einstellungen und Verhalten. Die Theorie des überlegten Handelns und die Theorie des geplanten Verhaltens.« In: Frey, D. und Irle, M.: *Theorien der Sozialpsychologie*. Band I: *Kognitive Theorien*. S. 361–394, 1993.

Frey, J. N.: *Wie man einen verdammt guten Roman schreibt*. Emons Verlag, 1996.

Garfield, P.: *Kreativ träumen*. Schwarzenburg, Ansata, 1980.

Goffman, E.: *The presentation of Self in Everyday Life*. Harmondsworth, Penguin Books, 1969.

Gollwitzer, P. M.: *Abwägen und Planen*. Göttingen, Hogrefe, 1991.

Heckhausen, H.: *Motivation und Handeln*. Berlin, Springer-Verlag, 1989.

Husserl, E.: *Ideen zu einer reinen Phänomenologie und phä-*

nomenologischen Philosophie, Gd. 3–5. Den Haag, Husserliana, 1950–1952.

LaBerge, S.: *Hellwach im Traum*. Berlin, Junfermann, 1987.

Langer, S. K.: *Philosophie auf neuem Wege*. Frankfurt, Fischer Taschenbuch, 1984.

Leuner, H.: *Lehrbuch des Katathymen Bilderlebens*. Bern, Stuttgart, Toronto, Huber-Verlag, 1985.

Louden, J.: *Tu dir gut!* Freiburg, Hermann Bauer, 1996

Luckmann, T.: *Theorie des sozialen Handelns*. Berlin, New York, de Gruyter, 1992.

Oesterreich, R.: *Handlungsregulationstheorie*. FU-Kurs Nr. 3275, Kurseinheit 1, Hagen, 1987.

Norbu, N.: *Traum-Yoga*. Bern, Otto Wilhelm Barth Verlag, 1992.

Riedl, R.: *Die wesenszentrale Perspektive*. Essen, Die Blaue Eule, 1998.

Schütz, A.: *Der sinnhafte Aufbau der sozialen Welt*. Frankfurt, Suhrkamp, 1981.

Schütz, A.; Luckmann, T.: *Strukturen der Lebenswelt*. Frankfurt am Main, Suhrkamp, 1984.

Tart, Ch.: *Hellwach und bewußt leben*. Bern, Scherz, 1988.

Ueckert, H.: »Human Action and Action Probing.« In: Hans Westmeyer (Ed.): *The Structuralist Program in Psychology*. Göttingen, Hogrefe, 1992.

Volpert, W.: Epilogue. In: Frese, M. and Sabini, J. (Eds.): *Goal directe behavior: The concept of action in psychology*. Hillsdale, Erlbaum, 1985.

Zwettler-Otte, S.: »Therapeut, das Motiv und die Frage ›Wer ist der Täter?‹ « In: *Katathymes Bilderleben innovativ*. München, Ernst Reinhardt Verlag, 1994.

Bitte beachten Sie folgende Seiten

Verlag Hermann Bauer · Freiburg im Breisgau

Donni Hakanson
Das Traumzeit-Orakel
Die Weisheit der Aborigines als Hilfe für unseren Alltag

Kartoniertes Set mit 45 farbigen Traumkarten und
Buch mit 176 Seiten und zahlreichen farbigen Abbildungen
ISBN 3-7626-0580-7

Jegliches Leben ist Teil eines Ganzen – sagen die Aborigines.
Aufgrund dieser Auffassung gewinnt alles, was die Natur her-
vorbringt, an Bedeutung. In allem kann »gelesen« werden, denn
die Welt selbst ist ein lebendiges Orakel voller Zeichen.
Die Kräfte der Natur spiegeln sich in den 45 Karten, die in
fünf »Reiche« unterteilt sind: Natur, Erde, Luft, Wasser und
Menschheit. Zu jeder Karte findet der Leser im ersten Teil des
Buches eine entsprechende Geschichte, ein »Dreaming«, sowie
einen Schlüssel, wie die Karte gedeutet werden kann.
Im zweiten Teil erfährt der Leser alles über die richtige Frage-
stellung, verschiedene Legesysteme, die Bedeutung der Position und der runden Form der Karten, die Anwendung des
Orakels mit Kindern sowie über die Kombination der Karten
mit Meditation und Visualisation. Dieses wunderschön gestal-
tete Buch- und Kartenset läßt den Leser teilhaben an der tiefen
Liebe zur Natur, am Geist der alles durchdringenden Spitirua-
lität der ältesten Kultur der Welt.
Ein Buch für jeden, der mehr wissen möchte über sich selbst
und die Kultur der Aborigines.

Verlag Hermann Bauer · Freiburg im Breisgau

Verlag Hermann Bauer · Freiburg im Breisgau

Liza M. Wiemer

Wir sind immer für dich da

Wie Sie sich mit Ihren spirituellen Helfern verbinden

192 Seiten, kartoniert, ISBN 3-7626-0587-4

Mit viel Geduld, Liebe und vernünftigen Ratschlägen wurde die Autorin Liza M. Wiemer von ihren eigenen spirituellen Helfern an »ihren Lebensplan« herangeführt und gibt dies nun auf die gleiche Weise an die Leser weiter.

Das Buch eröffnet jedem Leser eine Möglichkeit, sich selbst mit seiner ganz persönlichen geistigen Führung, die ihm Weisheit und Erkenntnis vermittelt, zu verbinden. Indem die Autorin den Leser an vielen Beispielen ihren eigenen Weg zur inneren Wahrheit nachvollziehen läßt, führt sie ihn gleichzeitig Schritt für Schritt an die einfachen doch wirkungsvollen Methoden heran. So gelingt es jedem, die gleiche liebevolle Weisheit und Führung zu erhalten, wie es der Autorin selbst widerfahren ist.

Der Leser lernt aus diesem inspirierenden Buch nicht nur, wie er die aufeinander aufbauenden Techniken einsetzt, sondern erfährt von den Schwierigkeiten, die in der Praxis oft auftauchen: welche Blockaden, Hemmnisse und Zweifel ihm während seines Entwicklungsprozesses begegnen können, was sie bedeuten und wie er vorgehen kann, um sie aufzulösen.

Ein ermutigendes Handbuch mit einer vollständigen Anleitung, die dem Leser dazu verhilft, in Verbindung mit seinen geistigen Führern zu gelangen.

Verlag Hermann Bauer · Freiburg im Breisgau

Verlag Hermann Bauer · Freiburg im Breisgau

Barrie Dolnick

Das magische PowerSet

oder wie Sie Ihrem Erfolg auf die Sprünge helfen

276 Seiten, kartoniert, ISBN 3-7626-0707-4

In ihrem provokativen Buch stellt die arrivierte Unternehmensberaterin Barrie Dolnick Kniffe fürs Berufsleben vor, die dem Leser helfen, günstige Gelegenheiten zu nutzen und Erfolg quasi magisch anzuziehen.

Aus ihrer Schatztruhe praktischer Erfahrung in der Esoterik wie in der Unternehmensberatung holt sie eine wohlgeordnete Vielfalt esoterisch-magischer Methoden hervor. Hier zeigt sich, daß es sich um einen in der knallharten Geschäftswelt erprobten Ratgeber für jeden handelt, der seinen Arbeitsplatz verbessern, verändern oder sogar wechseln will – vom Freiberufler bis zum Firmeninhaber, von der Aushilfskraft bis zum Geschäftsführer.

In flotter Sprache macht Barrie Dolnick den Leser mit der Grundausstattung eines magischen PowerSet in bezug auf berufliche Situationen vertraut.

Der Kombination der Methoden für die jeweilige Situation sind keine Grenzen gesetzt. Dann werden Herausforderungen, schwierige Kollegen und brenzlige Situationen zur Chance, die Gelegenheit beim Schopf zu packen, um sie mit einem Griff in *Das magische PowerSet* mit Erfolg zu bewältigen – ganz nach dem Motto: Übung macht den Magier!

Verlag Hermann Bauer · Freiburg im Breisgau

Verlag Hermann Bauer · Freiburg im Breisgau

Ton van der Kroon

Die Rückkehr des Löwen

Von Liebe, Lust und Herzenspower

160 Seiten, kartoniert, ISBN 3-7626-0583-1

Der Autor weist in seinem Buch allen Männern den Weg zu einem selbstbestimmten Leben. Er beschreibt sieben männliche Archetypen, die sich durch alle Kulturen ziehen und die grundlegenden Aspekte der männlichen Psyche widerspiegeln: den Heiligen, den Magier, den Narren, den König, den Krieger, den Liebhaber und den Wilden Mann.

Diese Archetypen stimmen, so van der Kroon, mit dem östlichen System der Chakren überein. Jedes der sieben Kapitel schließt mit einer Übung, die dazu anleitet, den Weg zur eigenen Mitte, zum wahren Wesenskern zu beschreiten.

In einer Zeit, in der männliche Werte und Patriarchalische Strukturen abbröckeln, entsteht langsam ein neues Männerbild: das Bild eines Mannes, der seine männlichen und weiblichen Eigenschaften in sich vereinigt hat und Verantwortung für sich selbst übernimmt. Kein Macho, kein Softie, sondern ein Mann, der sich einfühlen, der aber auch entschlossen auftreten kann: ein Mann, der aus dem Herzen heraus handelt.

Verlag Hermann Bauer · Freiburg im Breisgau